全国职业教育轨道交通“十二五”规划教材·城市轨道交通系列

城市轨道交通运营管理

主　编　潘前进　王海明
副主编　张　斌　付博宇　齐小青

（扫描二维码，获取更多资源！）

北京交通大学出版社
·北京·

内容简介

本书是全国职业教育轨道交通“十二五”规划教材之一。

全书围绕城市轨道交通运营管理工作所要求的知识与技能组织内容，用任务驱动的形式进行项目编写，内容精练实用。本书共设计10个项目，内容包括城市轨道交通运营管理基础、资源管理、客运组织管理、行车组织管理、乘务组织管理、票务组织管理、设备和车辆维修管理、安全管理、应急救援、运营服务水平评价。为方便读者检查学习效果，每一个项目后都设计有思考题和实训任务。

本书可以用作城市轨道交通职业教育相关专业的教材，也可供从业人员和管理人员参考。

图书在版编目（CIP）数据

城市轨道交通运营管理/潘前进，王海明主编．—北京：北京交通大学出版社，2016.3（2020.1重印）

ISBN 978－7－5121－2679－4

Ⅰ．①城…　Ⅱ．①潘…　②王…　Ⅲ．①城市铁路-交通运输管理-职业教育-教材　Ⅳ．①U239.5

中国版本图书馆CIP数据核字（2016）第045106号

城市轨道交通运营管理

CHENGSHI GUIDAO JIAOTONG YUNYING GUANLI

责任编辑：陈跃琴

出版发行：北京交通大学出版社　　电话：010－51686414　　http：//www.bjtup.com.cn

地　　址：北京市海淀区高梁桥斜街44号　　邮编：100044

印 刷 者：艺堂印刷（天津）有限公司

经　　销：全国新华书店

开　　本：185mm×230mm　　印张：12.5　　字数：281千字

版　　次：2016年3月第1版　　2020年1月第7次印刷

书　　号：ISBN 978－7－5121－2679－4/U·223

印　　数：22 001～24 000册　　定价：32.00元

本书如有质量问题，请向北京交通大学出版社质监组反映。对您的意见和批评，我们表示欢迎和感谢。

投诉电话：010－51686043，51686008；传真：010－62225406；E-mail：press@bjtu.edu.cn。

丛书编委会

出版说明

进入21世纪，我国把“发展城市轨道交通”列入国民经济第十个五年计划发展纲要。在经历了十几年的高速发展之后，中国拥有城市轨道交通的城市已经由2000年的3座（北京、上海、广州）上升至2014年的22座。截至2014年年底，中国的城市轨道交通运营线路已达88条，总运营里程超过3 000 km（包含地铁、有轨电车等），占全球城市轨道交通总运营里程的25%以上。

城市轨道交通的快速发展，带来了对城市轨道交通专业人才的巨大需求。巨大的城市轨道交通人才需求，为城市轨道交通专业的职业教育发展带来了良好的机遇，各职业院校纷纷开设了城市轨道交通相关专业，针对城市轨道交通专业的教材也陆续出版，但总的来说，教材存在体系不完善、内容理论叙述过多、缺乏岗位针对性等问题。

2011年，北京交通大学出版社出版“高等教育城市轨道交通系列教材”，包括《城市轨道交通概论》《城市轨道交通客运管理》等二十多种图书，被全国三十多所学校选用，其中郑州城轨交通中等专业学校连续三年使用，有近万名学生毕业。教学实践中发现，“高等教育城市轨道交通系列教材”存在理论叙述过多、岗位针对性不强等问题。

为促进和规范城市轨道交通职业教育教材体系的建设，满足城市轨道交通专业人才培养的需要，适应目前职业教育“校企结合，工学结合”的教学改革形式，北京交通大学出版社以“高等教育城市轨道交通系列教材”为基础，依托北京交通大学的城市轨道交通专业优势资源和教学资源优势，组织郑州城轨交通中等专业学校、北京交通职业技术学院、新疆铁道职业技术学院等职业院校明星教师，联合北京地铁、郑州地铁和武汉地铁的一线人员，从培养行业紧缺人才、关键岗位人才急需技能的角度，在北京交通大学、郑州地铁公司、郑州铁路局、郑州城轨交通中等专业学校等单位有关领导和专家的大力支持下，共同策划编写了这套“全国职业教育轨道交通‘十二五’规划教材”。

本系列教材从2015年8月起陆续出版，首批包括：

（1）城市轨道交通概论；

（2）城市轨道交通安全管理；

（3）城市轨道交通票务管理；

（4）城市轨道交通行车组织；

（5）城市轨道交通专业英语；

（6）城市轨道交通运营管理；

（7）城市轨道交通安全常识；

项目 1

城市轨道交通运营管理基础

项目导学

本项目主要用于学习城市轨道交通运营管理的入门通识知识，重点介绍城市轨道交通系统的功能结构、城市轨道交通的运营管理机构、城市轨道交通运营管理的原则和特点、城市轨道交通运营管理体系、城市轨道交通运营管理模式，以及国内外城市轨道交通经营现状。

教学目标

(1) 了解城市轨道交通的体系结构。
(2) 掌握城市轨道交通运营管理的原则和特点。
(3) 掌握城市轨道交通运营管理机构设置及相关人员的岗位职责。
(4) 了解城市轨道交通的运营管理体系。
(5) 了解国内外城市轨道交通的经营状况。

建议学时

6 学时

地铁的运营通常需要较大的客运量来支撑，因此50万人以下的城市很少建地铁。但各国地铁系统的建设标准不完全相同。结合技术经济指标，地铁具有以下特点：

① 运量大，速度快。城市轨道交通列车根据体宽可分为A、B、C三个型号：A型车宽3 m，B型车宽2.8 m，C型车宽2.6 m。其中地铁A型车单向运能最大约为4.5万～7.5万人次/h，最高运行速度为80～100 km/h；地铁B型车单向运能约为3.0万～5.5万人次/h，最高运行速度为80 km/h；C型车多为轻轨列车。

② 路权专用，安全可靠。地铁线路建在地下隧道、高架线或安全隔离路基上，与其他城市交通线路没有平面交叉，路权专用且按信号运行，行车安全性好，可靠性高。

③ 采用电力牵引，双钢轨、钢轮支撑和导向，线路最小曲线半径大。

④ 投资大，建设周期长。目前，国内地铁造价一般在4亿～6亿元/km，建设周期为4～5年。

⑤ 建设期城市干扰少。地铁虽然建设费用较高，但对既有建筑物和市政道路的影响较小，征地拆迁量小，适用于大、中城市中心区。

2. 轻轨系统

轻轨指的是在轨距为1 435 mm国际标准双轨上利用自动化信号系统运行的用于城市旅客运输的城市轨道交通系统（如图1－3所示）。轻轨是从旧式有轨电车发展演变而来的，高标准的轻轨接近于轻型地铁，而低标准的轻轨则接近于有轨电车。

图1－3 轻轨系统——北京地铁13号线

轻轨线路可因地制宜，设计比较灵活，既可以修建在市区街道上，也可以修建在地下隧道或高架桥上，但要求有一定比例的线路与其他交通方式完全隔离。轻轨线路大多是双线，但支线、短程区间或道路用地较为紧张的地段也有单线的情况。典型的轻轨系统通常每小时客流量在1万~3万人次，建于拥有10万~100万人口的城市。相对于地铁系统，轻轨系统具有以下特点：

① 中等运量。单向运输能力约为1.5万~3.5万人次/h，运行速度约60~80 km/h，最高可达200 km/h。

② 采用电力牵引，双钢轨、钢轮支承和导向，线路最小曲线半径较大。

③ 建设周期和费用相对于地铁较低。造价一般为3亿~4亿元/km，约为地铁的3/4~4/5；建设周期2~3年，约为地铁的一半。

④ 线路布置灵活。轻轨在城市中心可用高架线或地下线，郊区用地面线；可以立交，也可以平交；如果条件适当，郊区地面线甚至可以和汽车共道，变成有轨电车的形式。

3. 单轨系统

单轨系统是车辆或列车在单一轨道梁上运行的城市客运交通系统，也称独轨铁路。1901年，德国的乌珀塔尔修建了世界上第一条单轨铁路，全长13 km，目前仍在运行之中，但由于车辆摇晃、轮轨磨耗较大等技术上的原因，单轨系统未能在城市交通中得到广泛应用。直到20世纪后半叶，单轨系统才作为解决城市交通问题的途径得到重视。

单轨系统一般使用道路上部的空间，线路采用高架结构，车辆则大多采用橡胶轮胎。从构造形式上分类，单轨系统可分为跨座式单轨系统与悬挂式单轨系统两种。跨座式单轨系统采用列车跨坐在轨道梁上运行的形式（如图1-4所示），而悬挂式单轨系统则采用列车悬挂在轨道梁下运行的形式（如图1-5所示）。

图1-4　跨座式单轨系统——重庆轨道交通3号线

图 1-5　悬挂式单轨系统——德国乌珀塔尔的悬挂式单轨系统

单轨系统适用于大、中型城市中心区或大型城市郊区。相对于其他城市轨道交通工具来说，单轨系统具有以下特点：

① 中低运量。单向运输能力约为 1.5 万 ~ 3 万人次/h，最高运行速度为 60 ~ 80 km/h。

② 路权专用，安全可靠。

③ 采用电力牵引，单一轨道梁支撑，橡胶轮胎导向，噪声小，振动小，但运行阻力大，耗能高。

④ 建设费用较低，周期较短，其造价和建设周期与轻轨系统相近。

⑤ 道岔结构复杂，转换时间较长。

4. 有轨电车

有轨电车又称路面电车，是以电力牵引、轮轨导向、单辆或两辆编组运行在城市道路上的低运量的轨道运输系统。我国第一条现代有轨电车于 2000 年 9 月在大连开始运营，如图 1-6 所示。

图 1-6　有轨电车——大连有轨电车

现代有轨电车根据走行部的不同，主要分为“钢轮＋钢轨”和“胶轮＋导轨”两种制式。现代有轨电车特别适用于城市需要展示的、具有中低客运强度的城市发展轴。对于类似上海、北京等大城市，现代有轨电车可以与地铁（轻轨）、快速公交等共同构成城市快速公共交通系统，既能丰富城市综合交通客运体系，又能提高城市大容量公共交通对旅客的吸引力。相对于其他城市轨道交通，有轨电车具有以下特点：

① 运量相对较小，运速低。一般使用连接车，根据输送能力要求可单节运行，也可自由编组运行，单向运输能力约为0.6万～0.8万人次/h，最高运行速度约为35～45 km/h。

② 无专用路权，安全性和准点性较差。有轨电车与地面其他交通共享道路通行权，在交叉口同样服从信号指挥，无优先权，适用于大、中城市中心区。

③ 采用电力牵引，轮轨导向运行。

④ 建设周期短，投资少，运营费用低。有轨电车造价一般是0.5亿～1.5亿元/km，约为地铁系统的1/10，是单轨系统的1/3，建设周期为2～3年。

⑤ 舒适新颖。有轨电车多数采用流线型车身、大窗台、对开门、与站台同高度的低地板等新颖设计，乘客水平步行进出车辆非常便捷，且在车厢内乘坐也较为舒适。

5. 磁浮系统

磁浮系统是一种运用“同性相斥、异性相吸”的电磁原理，使列车悬浮、沿轨道走行的运输方式。其研究始于20世纪60年代中期，是一种新型的没有车轮、采用无接触行进的交通系统。

磁浮系统是20世纪一项伟大的技术发明，它集中展示了电磁悬浮、计算机控制、信息传输、新材料应用等高新技术。磁浮系统具有以下特点：

① 通过磁力支撑起车身，导轨和机车之间不发生接触，没有轮轨摩擦关系，视为“无轮”列车，因而速度高、爬坡能力强、平稳、舒适。

② 无噪声，不排出有害气体，有利于环境保护。

③ 磁浮列车可靠性大，维修简单，成本低，其能源消耗仅是汽车的一半，飞机的四分之一。

磁浮系统按速度目标值分为高速和中低速两类。高速主要服务于城际干线客运，其速度目标值大于450 km/h；中低速主要服务于城市内、旅游区的短途客运服务，速度目标值为50～150 km/h。2000年开始修建、2002年12月31日投运的上海磁浮系统是我国第一条磁浮运营线路，也是世界上第一条投入商业化运营的高速磁浮示范线，设计时速430 km/h，如图1－7所示。

筹备启动期以确保核心管理职能为前提，宜设置职能相对集中的部门，采用相对简单的组织架构，示例见图 1－12。

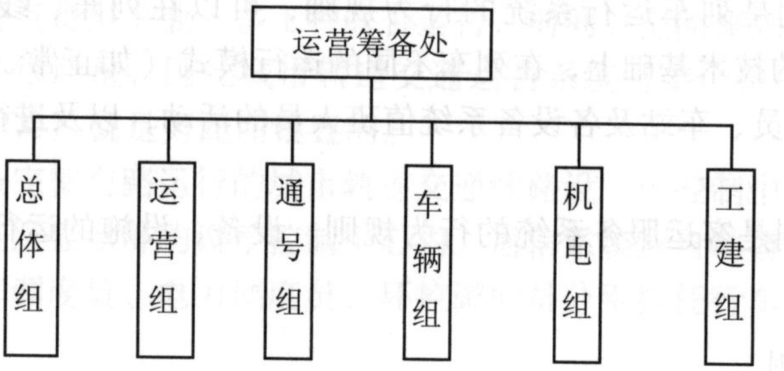

图 1－12 筹备启动期组织架构

筹备启动期各部门要严格履行各自的职责，具体如下。

① 总体组。总体组负责：客流预测；编制票价建议方案；审核运行图；新线接管总体策划，以及运营部门的经营策划工作；统计指标及经营指标的拟订工作；与地面公交的接口工作；与资源开发的接口工作。

② 运营组。运营组负责：牵头制定有关运营、行车组织等策划方案；编制运行图与运营时刻表和运作命令；编制相关规章制度；编制站务、乘务、票务管理的文本文件；服务与营销等管理模块管理体系策划；人员培训及规划储备工作；相关设备运营筹备所需资金和物资需求预测等设备筹备工作。

③ 专业组：专业组包括通号组、车辆组、机电组和工建组。专业组的职责是：对本专业系统各相关模块信息进行资料搜集；所辖设备的维修；管理模式研究和策划；技术文本准备；人员培训及规划储备工作；相关设备运营筹备所需资金和物资需求预测等设备筹备工作。

2. 筹备接管期

筹备接管期的运营管理工作包括：完成开通运营筹备总体工作计划，各种管理规章等文本制定，落实开通前大量的人员招聘、培训、物资准备、调试与接管、演练等工作，组织架构初步具备开通运营的雏形。管理人员、技术人员、生产人员（包括乘务、票务、调度、各专业维修人员）在此期间应配置到位，完全具备运营开通的人力资源保证。

在筹备接管期的组织架构中，应配置各种职能部门，保证城市轨道交通运营接管、开通的业务流程、管理流程及企业内部机制的畅顺运作，并建立正式开通运营的组织架构的基础。筹备接管期的组织架构如图 1－13 所示。

子任务 1.6.2 运营阶段的运营管理体系

随着线网的增加，城市轨道交通运营企业的组织架构也应向适应列车运行、乘客服务而发生相应变化。线网下的运营企业组织架构主要有按专业化管理及按线别管理两种模式。专业化管理运营企业组织架构如图 1－14 所示，线别管理运营企业组织架构如图 1－15 所示。

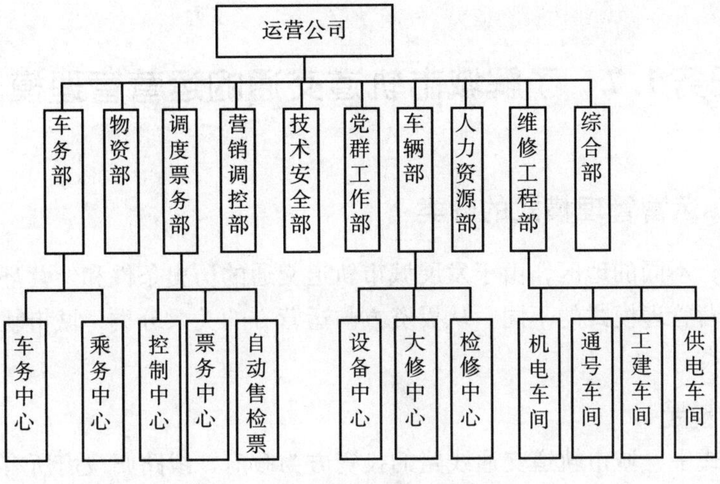

图1-13 筹备接管期的组织架构

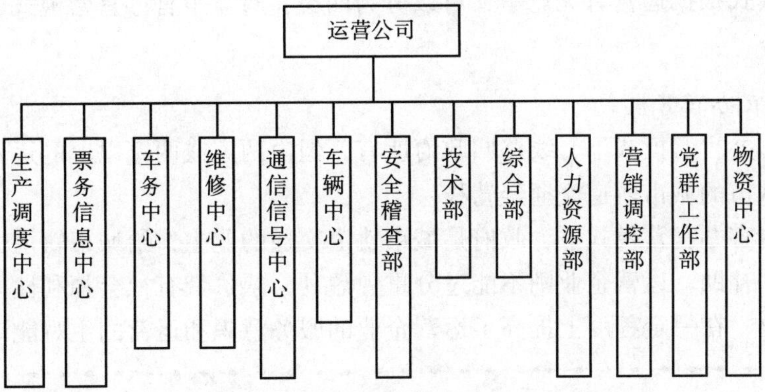

图1-14 专业化管理运营企业的组织架构

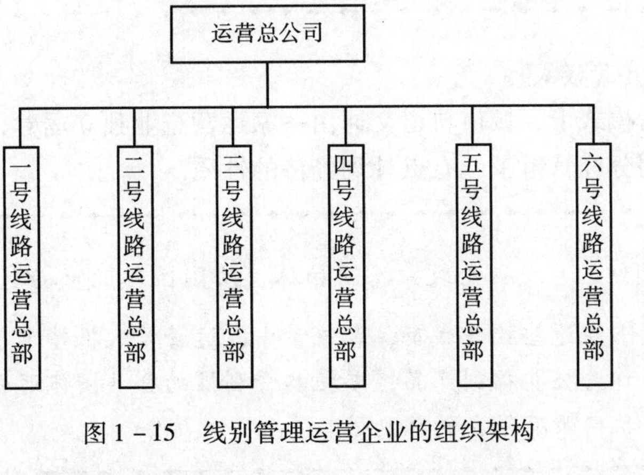

图1-15 线别管理运营企业的组织架构

任务 1.7 了解城市轨道交通的运营管理模式

子任务 1.7.1 运营管理模式的分类

不同的国家，不同的地区，由于发展城市轨道交通的历史条件和经营环境不同，造成了城市轨道交通运营管理模式的不同。从投资方与运营方的关系分类，城市轨道交通运营管理模式分为以下 4 类。

1. 官办官营模式

官办官营模式中，城市轨道交通线路的投资方为政府，线路归政府所有。运营企业通过招标的形式获得城市轨道交通线路的运营权，负责城市轨道交通系统的运营管理。

官办官营模式根据运营有无竞争又可以分为两类：有竞争官办官营模式，无竞争官办官营模式。

1）有竞争官办官营模式

有竞争的官办官营模式下，线路归政府所有，但由两家或两家以上的运营单位通过招标方式获得同一城市的城市轨道交通经营权。

在有竞争的官办官营模式下，政府是城市轨道交通的业主，给城市轨道交通的运营企业提供比较优惠的补助，运营企业则不能过分重视盈利，票价带有社会福利性质。但由于运营企业间存在竞争，在一定程度上提高了运营企业的服务意识和运营的主观能动性。

小贴士：韩国首尔的城市轨道交通是有竞争官办官营模式的典型代表。

2）无竞争官办官营模式

无竞争官办官营模式下，城市轨道交通由一家运营企业独立运营，或者由两家及两家以上企业按照行政区划分经营范围，有点计划经济的性质。

小贴士：美国纽约、英国伦敦、德国柏林、法国巴黎的城市轨道交通是无竞争官办官营模式的代表。在这些欧美城市，客流量少，运营收入抵偿不了运营成本，因此政府把城市轨道交通作为公共福利产品，委托非营利性的公共团体运营管理，其运营开支主要靠政府补贴，票价带有很大的福利性。

2. 官办民营模式

官办民营模式下，城市轨道交通线路由政府投资兴建，线路归政府所有。线路由公私合营的上市公司负责运营。根据民间股份和政府股份在上市公司所占股份比例的不同，分为以下两种。

① 官办半民营：运营公司中政府股份占主导地位，香港的城市轨道交通是此模式的典型代表。

② 官办全民营：运营公司中民间股份占主导地位，新加坡的城市轨道交通是此模式的典型代表。

3. 公私合营模式

公私合营模式，也称为多种经济成分构成模式。在此模式下，线路归政府和地方公共团体共有，运营也由政府和地方公共团体共同组织人员经营。

小贴士： 日本帝都高速交通营团（TRTA）是公私合营模式的典型代表。

4. 私办私营模式

私办私营模式下，线路由私人集团投资兴建，归私人所有。线路的运营管理也由私人负责，政府无权干涉。

小贴士： 泰国曼谷轻轨是私办私营模式的典型代表。

子任务1.7.2　各种运营管理模式的适用性

城市轨道交通的运营管理在不同的城市呈现出不同的模式。不同的模式具有不同的特点，具体如下。

① 强调福利性的城市，如纽约、新加坡，政府承担了过多的责任，但存在后续投资困难的危机。

② 选择盈利性的城市，如曼谷，难以保证在具体选线时立足城市的现状，难以选择适应该城市的运营管理模式。

③ 香港、东京、首尔等，城市轨道交通基本上能够自给自足，以线养线，走上良性循环，公共产品福利性和盈利性得到较好融合。

任务1.8　了解国内外城市轨道交通线路经营状况

世界各国的城市轨道交通实践表明：绝大部分城市和轨道交通线路都出现了营业亏损，需要政府支持，予以财政补贴。形成亏损局面的主要原因如下。

① 城市轨道交通建设投资大，建设周期长，运营费用相对也很高，运营收入不仅难以偿还建设费用，而且随着人工费、燃料费的上涨，运营成本一般高于运营收入。

② 城市轨道交通大多是作为解决大中型城市交通拥堵问题而出现的公共交通形式，难以通过上调票价来改善经营。

目前，在世界的各大城市轨道交通中，除了首尔地铁的盈利能弥补投资、新加坡和莫斯科地铁可以收支平衡运营外，绝大多数城市的地铁很难维持收支平衡。表1－1给出了世界主要城市轨道交通的运营状况。

表1－1　世界主要城市轨道交通运营状况

国家	城市	车票收入/%	其他商业性收入/%	政府补贴/%
墨西哥	墨西哥城	13.0	1.0	86.0
英　国	格拉斯哥	33.5	3.0	63.5
瑞　典	斯德哥尔摩	34.1	3.2	62.7
法　国	巴　黎	36.0	10.0	54.0
西班牙	巴塞罗那	44.0	4.0	52.0
西班牙	马德里	51.0	1.0	48.0
日　本	札幌	43.0	9.5	47.5
日　本	大阪	75.0	25.0	0
日　本	东京	46.0	31.0	23.0
德　国	汉堡	55.0	10.0	35.0

由表1－1可见，大部分城市的城市轨道交通票务收入只占运营费用的50%左右，另有50%需要政府补贴和商业补贴，其中经营状况良好的只有香港地铁和大阪地铁。

知识链接

南京地铁——我国唯一运营收入大于运营成本的地铁公司

南京地下铁道有限责任公司简称南京地铁公司，编制为正局级企业单位。南京地下铁道有限责任公司由南京市地下铁道总公司与南京地下铁道建设指挥部组成。南京市地下铁道总公司主要负责南京地铁线路运营和维护，南京地下铁道建设指挥部主要负责承办南京市地铁工程的规划、设计、筹资、建设、运营及与地铁相关的物业开发等。

根据《南京市城市总体规划（2007—2030）》中轨道交通规划篇，到2030年，南京市的轨道交通线网将由25条轨道交通线构成，共计775 km。

南京地铁是我国到目前为止唯一盈利的城市轨道交通企业，这主要得益于南京地铁的技术创新，比如南京地铁一号线采用了以下技术创新措施。

① 综合造价低。南京地铁一号线一期工程综合造价每公里3.91亿元，是国内地铁建设中造价最低的。

② 国产化率高。地铁技术装备国产化程度的高低从很大程度上决定地铁总造价的高低。南京地铁车辆的国产化率达到70%，全线21列列车有20列都在南京的浦镇车辆厂制造，信号系统的国产化率超过60%，而通信、自动扶梯、自动售检票系统等全部实现国产化，平均国产化率达79.2%，为目前我国地铁工程中国产化率之最。

③ 用工人数少。南京地铁用工人数是全国最少的，每公里用工不超过45人，一号线全线21.72 km，用工不超过1 000人。

思考与实训 1

1. 思考题

思考并回答以下问题：

（1）从运营功能上看，城市轨道交通运营管理系统可以划分为哪两个子系统？各自完成什么样的功能？

（2）城市轨道交通运营管理原则是什么？

（3）城市轨道交通运营管理中，OCC 的职责是什么？由哪些岗位的人负责？

（4）车站哪个岗位对车站级别的运营管理负责？

（5）简述城市轨道交通运营管理的特点。

（6）简述筹备启动期的组织架构及各部门的职责。

（7）简述筹备接管期的组织架构及其特点。

（8）正常运营期的城市轨道交通运营组织分哪两类？各有什么特点？

（9）为什么世界上绝大多数城市轨道交通运营企业都需要政府补贴？

（10）城市轨道交通运营管理模式有几种？各有什么特点？

2. 实训任务

任务 1 了解南京地铁的运营状况，分析其盈利的原因。

项目 2

城市轨道交通资源管理

项目导学

本项目中，首先介绍城市轨道交通的资源类型，然后介绍城市轨道交通运营企业如何进行人力资源管理、运营设备设施管理、物资管理、技术资源管理等。

教学目标

(1) 了解城市轨道交通的资源类型。

(2) 掌握城市轨道交通运营管理企业的人力资源管理内容，以及人才培训方式。

(3) 了解城市轨道交通运营设备设施的管理要求及设计原则。

(4) 熟悉城市轨道交通运营设备设施管理原则。

(5) 了解城市轨道交通运营管理企业的物资管理原则。

(6) 熟悉降低城市轨道交通运营管理企业物资采购成本的常用方法。

(7) 了解城市轨道交通运营管理企业有哪些技术资源，并知道如何对它们进行管理。

建议学时

4 学时

任务 2.1　认识城市轨道交通的资源

为保证城市轨道交通的运营质量，提高城市轨道交通运营企业的经济效益，必须对其资源进行有效管理，城市轨道交通所需的资源应包括：

① 适合运营业务开展的人力资源，包括城市轨道交通行业的所有从业人员；

② 符合运营服务需要的各类设备设施，包括车辆、轨道、线路、车站等；

③ 必要的资金、维修物资、工具等；

④ 规范的规章制度、技术文件、业务流程，以及良好的工作场所和环境等。

任务 2.2　人力资源管理

城市轨道交通运营单位的人力资源管理部门，应建立、实施人力资源管理，明确对各岗位人员的录用、考核要求，并建立、实施培训系统，为提高员工技能提供平台。

城市轨道交通运营单位应合理设置岗位，确保人员配置能够有效地满足轨道交通运营的顺利实施。城市轨道交通运营管理单位应基于适当的教育、培训、技能和经验等方面，综合考虑员工的能力，合理安排人员的岗位，以提高影响城市轨道交通客运服务、车辆和设备设施维护、运营管理的人员能够胜任其岗位。

1. 人力资源管理内容

人力资源管理主要包括以下内容。

① 合理配置人力资源，确保人员配置精简，能有效满足轨道交通运营管理的需要。

② 统一协调岗位说明书体系，明确决策层、管理层和执行层各岗位对员工个人能力（包括教育、技能、培训和经验）的要求和岗位职责。

③ 以岗位说明书作为人员招聘和任用的重要依据，开展招聘、培训、人员测评、岗位调整等各项工作。

2. 人力资源培训

城市轨道交通运营企业应在统筹考虑公司的运营组织架构、线网规划、工程进度及人力资源招聘规划等的基础上，结合人员构成、到位情况及内外部培训条件综合制定培训规划，主要目的是满足新线开通的人力资源需求和在岗员工的岗位技能需求。培训的模式可分为供货商培训、同行培训、订单培训和自主培训四种。

① 供货商培训。供货商培训主要是由向城市轨道交通运营企业提供运营设备的供货商，针对所提供设备的使用方法、技能，对员工进行培训。比如，车辆的使用、检修，信号系统

的使用，通信系统的使用，列车自动运行系统的使用与维修，等等。其目的是让企业员工掌握最正确的设备使用、维护方法，确保城市轨道交通运营工作顺利进行。

② 同行培训。同行培训的主要目的是向其他城市轨道交通运营企业学习，学习同行的先进经验和技术，以便提升自身企业的运营管理能力。

③ 订单培训。订单培训是城市轨道交通运营企业，以订单班的形式，委托具有城市轨道交通人才培养能力的学校，对城市轨道交通运营企业进行人才培养。这是目前我国城市轨道交通运营企业普遍采用的人才培养方式。

④ 自主培训。自主培训是城市轨道交通运营企业自主进行的人才培养方式，重点是城市轨道交通运营企业将运行经验沉淀下来，转变为可传播的知识技能，并结合“老带新”的模式培养新人。

知识链接

苏州地铁人力资源管理状况

苏州地铁成立于2002年5月。2007年5月，市委、市政府重组轨道公司。该公司现有注册资本21.78亿元，下属有5家分公司。HR管理团队，包括集团公司和运营公司共有20人。集团人事部门主要负责政策和指导，具体管理由各分公司负责。

截至2014年9月，苏州地铁公司员工总数3 500人，包括管理和一线员工。未来，根据每年建设20 km、将要建设3号线和5号线的规划，预计这一人数将大幅增长。按常规，地铁每公里配置50~70人，目前苏州地铁的平均人数是每公里55人。未来要新建100 km地铁，那就再得新进至少5 000人。而根据远景规划，到2030年苏州将开通9条地铁，因此相当长的一段时间内，大规模增员成为工作重点。

在第一条地铁开通时，通常会选择到地铁运行城市的区域招聘经验丰富的管理人员。而当有了一号线的开通经验后，采取100%内部培养的方式，将运行经验沉淀下来转变为可传播的知识技能，并结合“老带新”的模式培养新人。同时搭建完善的人才晋升通道，让人才的培养与发展形成最有效的对接，这对吸引和保留人才都起到了积极作用。

1. 员工晋升途径

苏州地铁的员工发展通道分为多层级：从下至上分别是维修工、工班长、工程师、车间副主任、车间主任、中心副主任、中心主任、分管副总等。技术线的晋升通道非常通畅，员工进来都知道自己未来的发展方向，工作有奔头，才会有激情。每一个职位，都有完善的岗位任职说明，员工经过严格培训考核后上岗。每当新线开通，通过内部公开竞聘机制，让人才获得晋升通道。比如二号线开通，一号线的老员工基本上每人都能晋升一级以上。当然，今后随着员工基数增大，晋升竞争也会更加激烈。

2. 员工考核办法

员工考核方面，分季度考核和年度考核两大类。其中考核指标基于基本的岗位工作规范，主要侧重服务和安全。年度考核分为优秀、合格、不合格三项，都各有明确的标准，考核结果与真实的业绩挂钩。对于季度考核，有具体的考核分数，会和员工的奖金挂钩。

3. 人才管理特点

苏州地铁的人才管理有这样几个特点：一是重视人才本土化。除公司初创期从外部引进比较多的人才之外，其他的管理干部和技术骨干都是公司内部培养起来的。二是人才的晋升公开透明。苏州地铁的竞聘做到了流程公开透明，非常严格，充分做到了以员工能力和绩效为导向。三是人才构成相对简单，均采用公司制管理，取消事业编制，一律签订劳动合同，同岗同酬。四是非常注重培训，人均一年培训 70～80 h，岗位技能培训和管理培训常态化。

任务 2.3 运营设备设施管理

城市轨道交通的运营设备设施，指的是为实现客运服务所需要的基础设施，通常包括车辆段、车站、列车车辆、线路、隧道、信号设备、通信设备、机电设备、供电设备、自动化设备、售检票设备、监视和测量设备、消防设备和环控、环保设施等。为保证城市轨道交通的正常运营，需要对这些设备设施进行妥善管理和维护。

子任务 2.3.1 运营设备设施管理要求

1. 车站站台

城市轨道交通车站是城市轨道交通系统运行的主要附属设施，它是供旅客乘降、换乘和候车的场所，配置有相应的技术设备和运营管理系统，以保证：①乘客方便、安全、迅速地进出站和轨道交通的安全运行；②车站有良好的通风、照明、卫生、防灾设备等，为旅客提供舒适、清洁的环境；③车站具有购物、休闲等商业服务用途。

车站按站台形式不同可分为岛式车站、侧式车站和岛侧混合式车站，其站台形式如图 2－1 所示。

1）岛式车站

岛式车站的站台位于上、下行行车线路之间，这种站台布置形式称为岛式站台，具有岛式站台的车站称为岛式车站。岛式车站是常用的一种车站形式，具有站台面积利用率高、能调剂客流、乘客中途改变乘车方向方便、车站管理集中、站台空间宽阔等优点，因此常用于客流量较大的车站。

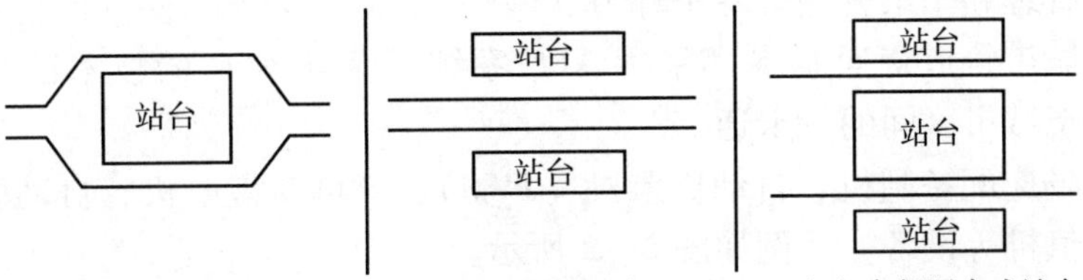

（a）岛式站台　（b）侧式站台　（c）岛侧混合式站台

图2－1　车站站台形式

2）侧式车站

侧式车站的站台位于上、下行行车线路的两侧，这种站台布置形式称为侧式站台，具有侧式站台的车站称为侧式车站。侧式车站站台上、下行乘客可避免相互干扰，正线和站线间不设喇叭口，造价低，改建容易，但是站台面积利用率低，不可调剂客流，中途改变方向须经过地道或天桥，车站管理分散，站台空间不及岛式站台宽阔。因此，侧式站台多用于两个方向客流量较均衡（或流量不大）的车站及高架车站。

3）岛侧混合式车站

将岛式站台及侧式站台同设在一个车站内，具有这种站台形式的车站称为岛侧混合式车站。岛侧混合式车站两侧站台主要用于换乘或列车折返。岛侧混合式站台可布置成一岛一侧式和一岛两侧式。

车站站台的有效面积必须满足客运组织的要求。岛式站台和侧式站台的比较见表2－1。

表2－1　岛式站台和侧式站台的比较

比较项目	岛式站台	侧式站台
站台利用率	较高	较低
乘客服务	折返方便，但可能错乘方向	折返不便，但不会错乘方向
客运管理	管理集中	管理分散
工程投资	较大	较小
站台延长	困难	容易

4）车站站台的设置原则

对于世界上的大多数城市轨道交通系统，站台高度与车厢地板相同或接近，站台宽度应该能容纳预期最大客流量，但也不要浪费空间。站台设计上要在站台长度方向有足够的可视空间，方便乘客看清乘车标记，也方便工作人员安全地接发列车。

2. 车站售检票系统

车站售检票（automatic fare collection，AFC）系统是基于计算机、通信、网络、自动控制等技术，实现城市轨道交通售票、检票、计费、收费、统计、清分、管理等全过程的自动售检票系统。它不仅要集成所有售检票设备信息，还要对车票和现金等实物进行管理，涉及车站管理、收益管理和车票管理等各个环节。

目前，我国城市轨道交通基本都采用 AFC 系统，而且 AFC 的技术已与城市一卡通接轨，实现城市甚至城市区间的一卡通。

AFC 系统现场应配备闸机、自动售票机（TVM）、半自动售票机、自动验票机、便携式验票机、自动加值机等设备，示例如图 2－2 所示。

图 2－2　自动售票机

在站台、站厅层设计布局既定的条件下，应采用优化的 AFC 设备布局，目标是便于乘客使用 AFC 设备和快速进出付费区、便于车站对售检票作业的集中管理。车站 AFC 设备布局优化涉及付费区设置、闸机设置和自动售票机设置三方面。

① 付费区设置：在可能的情况下应联通付费区，减少付费区的设置数量，可相应扩大乘客进行换零、购票、进站等活动的非付费区面积。每一个付费区应设置 1 台半自动售票机，供乘客出站补票使用。

② 闸机设置：应将闸机由分散设置、交错设置调整为集中设置（见图 2－3），有利于发挥闸机的作用。应合理确定闸机设置位置，售票区与进站闸机的距离不宜过近，以避免大客流情况下购票客流影响进闸客流。

图 2－3　城市轨道交通闸机集中设置

③ 自动售票机设置：自动售票机数量和位置应根据车站客流的大小和特点决定，每组自动售票机的售票能力应与相对应的进站闸机的通过能力相匹配。

3. 乘客乘降设备

车站应设置楼梯、自动扶梯（见图2－4）和垂直电梯等升降设备，为乘客提供快速、舒适的升降服务，其总的通过能力应满足高峰客流的需求。

图2－4　楼梯和自动扶梯

乘降设备设置原则如下。

① 列车运能充裕，车站客流均衡的车站，扶梯应均衡双向设置。

② 列车运能充裕，车站客流不均衡的车站，扶梯应按“顺客流方向”设置。

③ 列车运能不足时，扶梯应根据客流需要调整，以“出站客流能快速疏导，进站客流能减缓进入站台”为原则设置，确保站台安全和列车能够按标准作业时间到发。

4. 乘客导向标识系统

导向标识是由图形、文字、特定颜色及几何形状组成的标识牌体，向乘客传递安全警告、禁令、指令、宣传及地铁相关引导内容，通常包括图形、文字、符号和数字在内的各种静态导向标识（见图2－5），以及实时发布的视觉和听觉导向信息。导向标识系统是公共空间标识系统中最重要的交通指示标识，用于帮助人们寻找正确的路线到达目的地。

图 2－5 城市轨道交通静态乘客导向标识示例

乘客导向标识系统的设计原则如下。

① 应设置在车站外、出入口、通道、站厅、站台和车辆等处。

② 导向标识的设计、设置应遵循标准化、统一、简易、清楚、内容充分的原则。

③ 导向标识设置还应考虑盲人乘客、轮椅乘客、不识汉字乘客的特殊要求。

④ 车站通道的导向标识应包括客流导向标识和过街通道导向标识。

5. 车站出入口与通道

车站出入口与通道处必须划分明确的边界，界线内外按属地管理，界线部分共同管理。通道管理原则如下。

① 出入口通道与商业/物业连接的，必须建立管理协议，明确通道开放时间及双方在应急情况下的客流疏导组织原则，以及信息沟通机制。

② 出入口通道与市政部门连接的，必须与市政相关部门进行沟通，建立沟通渠道。

③ 通道的出口要设置明显的车站和过街通道的标识，车站标识在运营时间内显示，非运营时间熄灭，过街通道标识的显示时间应根据通道的开放时间来决定。

6. 车站其他设施

车站还应设置其他的照明、通风、空调、候车椅、垃圾桶、广告灯箱、公用电话、车站银行等设施。

7. 车辆段

按照《地铁设计规范》（GB 50157—2013）的规定，地铁车辆段具有以下 3 大功能。

① 停放车辆。

② 承担车辆的运用管理、整备保养、检查工作。

③ 承担定修或架修车辆检修任务。

根据功能不同，车辆段可分为检修车辆段和运用停车场两部分。检修车辆段用于列车的检修工作，根据其检修作业范围可分为架（厂）修段和定修段，与车辆检修维护业务相关的主要有运用库、检修主厂房、静调库、蓄电池间、空压机间、移车台、洗车间、试车线等相关设备设施。运用停车场主要负责段属车辆的停放、列检和乘务工作。

图2－8所示为一个车辆段的全景图。

图2－8　车辆段全景图

车辆段的设置原则如下。

① 一般情况下，一条线路可设置一个车辆段。

② 线路长度超过20 km时，为了有利于运营和分担车辆的检查、清洗工作量，可在线路的另一端设停车场，负责部分车辆的停放、运用、检查和整备工作。

③ 本着车辆段及综合检修基地资源的合理配置和共享原则，有些线路也可以共用维修基地。

子任务2.3.2　运营设备设施管理原则

城市轨道交通运营单位的运营设备设施管理，应遵守以下原则。

① 指定人员或机构对设备设施进行维护和管理。

② 编制运营设备设施的维护及操作规程，并组织实施。

③ 明确运营设备设施的管理制度，对设备状态进行监制、管理，并定期鉴定。

④ 确保设备设施质量、状态达到符合运营管理的要求。

任务2.4　物资管理

城市轨道交通的物资管理包括物资计划制订、物资采购、物资使用和物资储备等几个重要环节。

1. 物资管理的原则

城市轨道交通物资管理的目标是保障供应、优质服务、降低成本，确保城市轨道交通运营战略目标的实现，要从组织保证、资金保证、技术保证、人员保证出发，运用现代化物流供应链管理手段，深化现代信息系统和信息技术的应用，提高管理水平和管理效率。物资管理应遵循以下原则。

① 物资在满足生产需要即供需平衡的同时，应根据实际情况，充分了解市场，开拓供应商，降低成本，采购到满足城市轨道交通运营生产所需的物资。

② 应以最低的成本、合适的价格，采购质量合格的物资，满足运营生产的需要。

③ 应对到货物资的质量、数量进行严格验收，以保证入库存储、出库发放、配送供应等活动。

④ 应合理编制采购资金使用计划，编制符合运营筹备需要的物资采购计划。

⑤ 根据采购计划合理组织采购活动，针对不同物资种类、资金大小、数量多少、市场化程度高低及政策的规定来确定采购模式，做到高效、低成本采购。

2. 物资管理的内容

物资管理的内容包括以下几个方面。

① 确立物资筹备所需项目范围、种类、数量及到位时间，落实采购资金预算总量、来源等情况。

② 合理编制采购资金使用计划，编制符合运营筹备需要的物资采购计划。

③ 合理组织到货物资的质量、数量验收，入库存储及出库发货计划。

④ 根据物资的性质与使用情况及公司的具体情况对物资进行分类管理，如可分为备品备件和材料。备品备件又可分为进口备品备件和国产备品备件；材料可分为电类、机械类、油料类、低值易耗品等。

小贴士：① 设备分布分散时，可设多个二级仓库解决维修备件供应，保证生产正常运行。物资的所有权应集中调配，最大限度地控制和降低物资库存成本。

② 运营物资管理在运营初期应以建章立制和建立、稳定国内物资采购渠道为工作重点。在运营中期的工作重点包括建立、稳定进口物资采购渠道，缩短采购周期，逐步进行备件国产化替代采购等方面。

③ 应设立一个专门的物资管理部门保障轨道交通正常运营所需的物资供给，在部门下再划分出计划室、采购室、库存管理室。线网规模较大时成立物流中心，可建立分部以满足轨道交通运营的需求，同时考虑增加配送运输、资产处置等组织，细化分工合作，做好轨道交通运营各方面的物资后勤保障工作。

3. 物资管理制度

城市轨道交通运营企业应建立切实可行的物资管理制度，建立物资管理制度包括以下内容。

① 拟定运营单位的物资管理目标、年度工作计划和管理计划。

② 设定管理指标，检查、落实、总结工作情况。

③ 在工作中不断发现问题，提出整改措施。

4. 物资管理信息系统

为做好城市轨道交通运营物资管理工作，城市轨道交通运营企业通常都会建立较全面的物资管理信息系统，以保证信息完整、清晰透明、操作简便、运转高效，进而提高资金周转率，加强对物资的管理和控制。物资管理信息系统的内容如下：

① 信息系统建库，仓库层级设置。

② 对随合同附上的备件单独设置，随车库进行管理。

③ 物资消耗的核算方式及流程。

④ 单线、多线及物流基地的运作流程。

⑤ 多线筹备时，综合考虑物资调拨时的运输成本。

5. 物资采购

1）物资采购模式

单线运营模式下，物资采购可采用人工比价、竞争性谈判、邀请比价、直接谈判、邀请招标、公开招标等方式。

多线运营时，可实施采购管理集成，甚至多个轨道交通运营企业联合采购的方式。利用不同物资采购方式在不同阶段的优势、特点，实现整体采购方式的最佳组合，采购部门应在遵守法律法规、公司规定的前提下，合理应用操作方式。

2）降低物资采购成本的方式

为降低采购成本，城市轨道交通运营企业应充分运用电子技术和网络信息技术提高采购效率，并与供应商建立稳定的、长期的、合作紧密关系，以缩短到货时间；还应采取邀请招标、公开招标的方式实施采购，保证物资采购的公开、公平。可采取以下措施降低采购成本。

① 对轨道交通专业物资产品建立产品全生命周期成本的理念。

② 轨道交通的设计部门和建设部门应正视各系统的购后成本，即在贯彻总成本最低的原则下，充分考虑维修成本，整合车型，统一品牌、厂家。

③ 对采购成本高的备件，尤其是进口备件，应积极探索国产化或替代采购、开发的路子，减低采购成本，降低运维费用。

④ 可与原设备各系统、主要部件提供商的 MSA［material（材料）、supply（供应）、agreement（长期合作协议）的首字母缩写］合作。与原设备总承包商的 MSA 合作，应在基于 MSA 协议合作的前提下，要求原核心部件供应商对自己的进口备件进行国产化，或在国内组装，降低运营物资采购成本。

6. 物资库存管理

物资库存管理应做好三个方面的工作：首先是物资的仓库设计；其次是物资的入出库管

理，要有清晰的入出库验收流程；最后是物资的保存与管理，仓库的管理可参照5S进行全面的质量管理。仓库的设置原则如下。

① 单线运营模式下，物资的仓库设计可在车辆段设置一个材料总库，为便于生产用料，各车间可各设置一个分库，分库材料统一纳入总库管理。

② 线网仓库模式下，物资仓库设计可在各车辆段设置一个材料总库，每条线路各车间可各设置一个分库，分库材料统一纳入总库管理。

③ 各总库的物资分类存放，兼顾生产的原则执行。各线总库之间、总库与分库之间、分库与分库之间的物资可相互调拨。

轨道交通运营物流中心的库存管理，应采用通用库和专业库相结合的模式，适当考虑相关配套仓库。库存管理可采用以下方式。

① 对通用性物资，宜采用供应商寄存的库存模式，实现零库存目标。

② 对专业性备件，可设定一定的库存定额量为上限指标，予以总额控制，并根据各类备件的市场化程度、采购周期进行合理调整，达到合理的库存资金周转率，即采用总量控制模式。

③ 物流基地运作时，采取基地配送专业库模式，即物流基地库以存放收发通用材料为主，实行通用物资配送制，而各线库，应以存放本线专业物资库为主，方便快捷供给物资。

④ 对消耗较稳定的物资，可采用定额管理模式。通过编制消耗定额予以固定，并对固定配置的物品采用配置定额。

任务2.5 技术资源管理

城市轨道交通运营企业的技术资源通常包括各专业的技术知识、技术资料、技术数据、技术文本等。对技术资源进行妥善管理，是城市轨道交通运营企业实现可持续发展的保证。

1. 城市轨道交通的技术资源

城市轨道交通运营企业的主要技术资源如下。

① 轨道交通设计依据、适用技术标准。

② 各系统设备的性能、结构、特性及其他单位向运营单位移交的设计资料、技术资料、设备资料、培训资料等。

③ 生产和实际工作中积累的技术数据、统计资料，以及专题研究分析的结果等。

④ 国内外轨道交通运营企业的相关资料，轨道交通运营现状及发展方向等资料。

⑤ 城市轨道交通运营企业自行编制的技术文本等。

2. 技术资源管理的目的

技术资源管理的目的如下。

① 确保技术资源的准确和正确使用。

② 利用技术资源解决轨道交通运营中存在的技术问题。

③ 通过运营技术资源的合理使用、技术分析等手段，总结经验，为轨道交通的设计提供评估和改进建议。

3. 技术资源管理的内容

技术资源管理的内容如下。

① 建立合理技术问题处理流程，解决运营过程中出现的技术问题。

② 建立切实可行的技术资源管理制度，确保技术资源的准确和正确使用。

③ 建立必要的、为确保过程和活动的有效策划、运行和控制所需的文件。

任务 2.6 其他管理

城市轨道交通运营企业应依法建立完善的财务管理制度，通过对资产的管理、运营收入与成本的对比、劳动生产率的核算，衡量企业的管理效率，实现资产的保值增值，全面反映企业的财务状况。

城市轨道交通经营企业还应提供必要的支持性服务，如运输、通信或信息系统，确保为达到运营标准提供必要的支持。

城市轨道交通运营单位应建立适当的内部及外部的沟通机制，以确保能对顾客需求、感受及管理体系的有效性进行沟通。

思考与实训 2

思考题

思考并回答以下问题：

（1）城市轨道交通运营企业的物资分为哪几类？

（2）简述城市轨道交通运营企业的人力资源管理内容。

（3）制定人力资源培训规划时，应考虑哪 3 方面的因素？

（4）城市轨道交通运营企业进行人才培训的主要方式有哪 4 种？各有什么特点？

（5）城市轨道交通的运营设备设施有哪些？

（6）站台常见形式有几种？各有什么优缺点？

（7）车站售检票设备的设置原则是什么？

（8）乘客升降设备的设置原则是什么？

(9) 乘客导向标识系统分为几类？设置原则是什么？
(10) 车站出入口通道管理原则是什么？
(11) 车辆段的作用是什么？简述其设置原则。
(12) 城市轨道交通物资管理对象有哪些？
(13) 城市轨道交通物资管理的原则是什么？
(14) 城市轨道交通物资采购模式有哪些？
(15) 城市轨道交通运营企业的技术资源有哪些？
(16) 城市轨道交通技术资源管理的目的是什么？具体管理内容有哪些？

实训任务

任务1 查阅资料，写一篇1000字左右的文章，阐述为什么"订单式"人才培养是目前国内城市轨道交通运营企业人才培养的主要模式。

提示： 文章中应包括以下内容：什么是"订单式"人才培养，"订单式"人才培养的优势在哪里？目前城市轨道交通订单班的就业优势和劣势是什么？

项目 3

城市轨道交通客运组织管理

项目导学

本项目中，首先介绍城市轨道交通客运组织的基本概念及其特点，然后介绍城市轨道交通车站的客流特点、客运组织原则、客运服务，最后介绍特殊情况下的客运组织工作。

教学目标

(1) 了解城市轨道交通客运组织的定义。
(2) 熟悉城市轨道交通车站的客流特点及其影响因素。
(3) 熟悉乘客进站乘车和出站的流程。
(4) 掌握城市轨道交通车站客运组织原则。
(5) 熟悉城市轨道交通客运服务流程。
(6) 了解城市轨道交通客运服务目标、标准和范围。
(7) 熟悉提升客运服务质量的措施。
(8) 了解新线路开通时应采取的客运组织措施。
(9) 学会应对客运突发事件的技能。

建议学时

6 学时

任务 3.1 熟悉客运组织的工作内容及工作重点

定义： 城市轨道交通客运组织是指通过合理布置客运有关设备设施，对客流采取有效分流或引导措施，来组织客流运输的过程。

1. 客运组织的工作内容

城市轨道交通主要通过合理的客运组织来完成其大容量的客运任务。按照运营状况来分，车站客运组织主要包括以下内容：

① 日常客运组织；

② 临时客运组织；

③ 突发事件客运组织。

按照运营过程来分，车站客运组织包括以下内容。

① 售检票；

② 组织乘客乘降；

③ 组织乘客换乘。

2. 客运组织的工作重点

客运组织管理原则应以“乘客乘车安全、畅顺”为前提，既要质量良好地完成客运任务，又要经济合理地使用机车车辆和其他设备。从这种角度看，城市轨道交通客运管理需要重点考虑以下问题：

① 车站售检票位置的设置；

② 车站导向的设置；

③ 车站自动扶梯的设置；

④ 隔离栏杆等设施的设置；

⑤ 车站广播的导向；

⑥ 售检票机数量的配置；

⑦ 工作人员的配备；

⑧ 应急措施。

任务 3.2 车站客运组织

不管是高架车站、地面车站还是地下车站，乘客进站的最基本流程都是一样的：购票—过检票机—通过楼梯去站台（侧式站台地面站一侧的乘客可直接进入站台）—乘车（见

图3－1)。出站乘客则反之（见图3－2)。进、出站流程是两个完全对称的逆向过程。因此，城市轨道交通的车站客运组织应把握好购票、进闸、乘车三个环节的顺利开展。

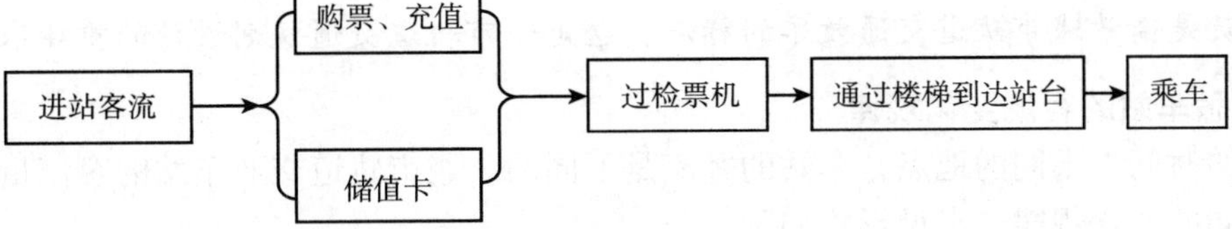

图3－1　乘客进站流程

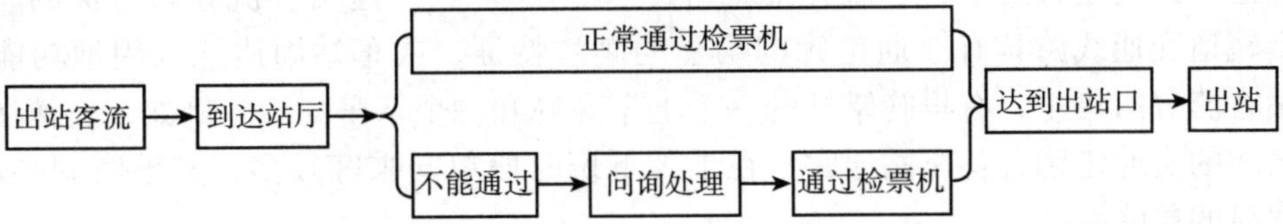

图3－2　乘客出站流程

子任务3.2.1　车站客运组织原则

不同类型的车站，其客运组织的内容有着较大的区别。中小车站的客运组织比较简单，而大车站、换乘站因客流较大、客流方向比较复杂，其客运组织也比较复杂。但不管是什么类型的车站，客运组织都应该以“保持客流运送过程的畅通，尽量减少乘客出行时间，避免拥挤，便于大客流发生时的及时疏散”为目的。

为此，在进行客运组织时，应特别考虑下面几个原则。

① 客运组织管理工作要与行车组织、线网规划相匹配，以方便乘客为原则。

② 车站客流组织应有序、可控。

③ 乘客购票、进出闸机顺畅，均匀候车。

④ 进站客流与出站客流不交叉，进出站客流与换乘客流分开设计，尽量减少客流交叉、对流。

⑤ 合理安排售检票位置、出入口、楼梯，使行人流动线简单、明确，尽量最大限度地缩减乘客走行距离。

⑥ 车站出入口设置方便乘客换乘其他交通工具的标识。

⑦ 完善诱导系统，快速分流，减少客流集聚和过分拥挤现象。

⑧ 满足换乘客流的方便性、安全性、舒适性等一些基本要求，如专门为残疾人设计无障碍通道。

子任务 3.2.2 车站客流组织

定义：客流是指在单位时间内城市轨道交通线路上各个流动方向的乘客流动人数的总和。客流既是衡量城市轨道交通效率的标准，也是城市轨道交通规划设计的重要依据。

1. 熟悉车站的客流变化规律

不同的时间，不同的地点，车站的客流是不同的。城市轨道交通车站的客流量在一天中会呈现不同的变化规律，常见形式如下。

1）单峰型

单峰型车站的全日上下行客流分布如图 3－3 所示。具有这类客流分布特征的车站，其所在城市轨道交通线路具有交通走廊的明显的潮汐特征，或车站周边地区用地功能性质单一，车站客流分布集中，有早晚错开的一个上车高峰和一个下车高峰。例如，连接居民区与商业区之间的交通走廊，各车站通常只在上、下班时段单向乘客较多，其他时间乘客稀少，表现出明显的单峰特征。

2）双峰型

双峰型车站的全日上下行客流分布如图 3－4 所示。具有这类客流分布特征的车站，通常位于综合功能用地区位，双向客流分布均匀，有两个配对的早晚上下车高峰。

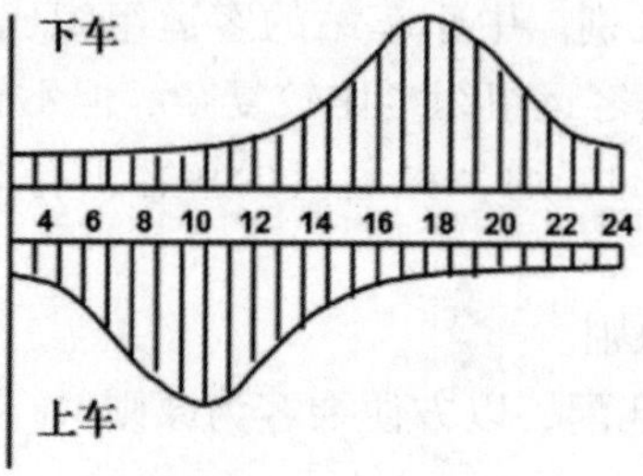

图 3－3 单峰型

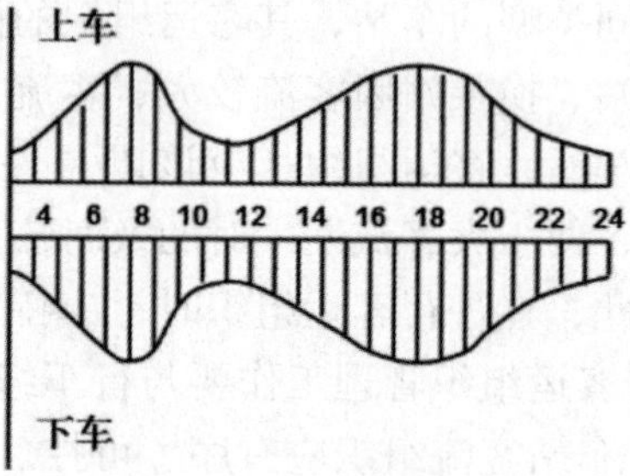

图 3－4 双峰型

3）全峰型

全峰型车站的全日上下行客流分布如图 3－5 所示。具有这类客流分布特征的车站，其所在城市轨道交通线路通常位于用地已高度开发的交通走廊，或车站位于公共建筑和公用设施高度集中的 CBD 地区，客流分布无明显的低谷，双向上下行客流全天都很大。

4）突峰型

突峰型车站的全日上下行客流分布如图 3－6 所示。具有这类客流分布特征的车站，通常位于体育场、影剧院等大型公用设施附近，演出节目或比赛结束时，有一个持续时间较短的突变的上车高峰。

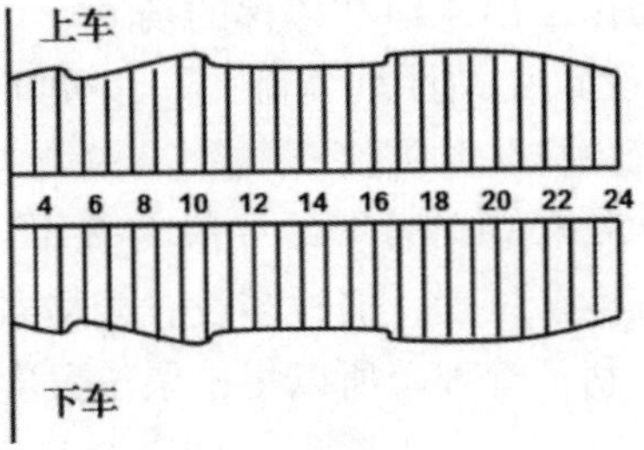

图3－5 全峰型

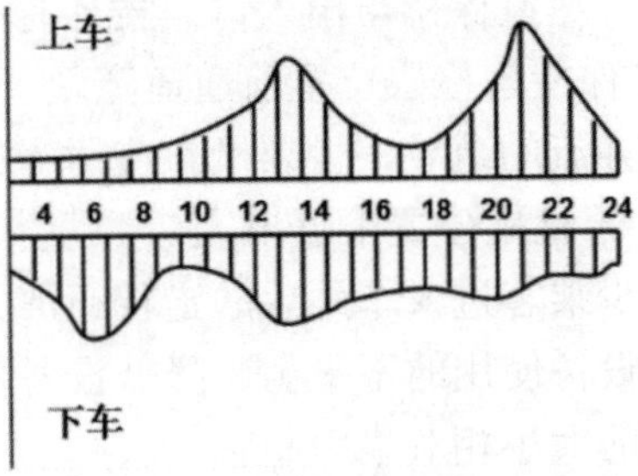

图3－6 突峰型

5）无峰型

无峰型车站的全日上下行客流分布如图3－7所示。具有这类客流分布特征的车站，分两种情况，一种是城市轨道交通本身的运能比较小，另一种是车站位于用地还没有完全开发的地区，客流无明显的上下车高峰，双向上下行客流全天都较小。

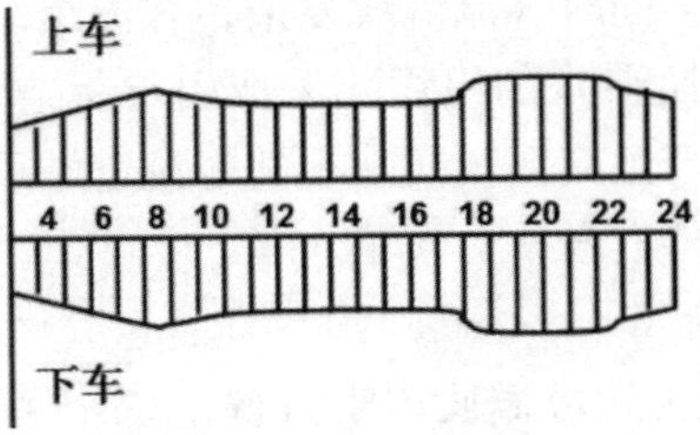

图3－7 无峰型

2. 分析车站客流影响因素

从车站的日客流分布可以看出，影响车站客流的主要因素如下：

① 轨道交通沿线土地利用状况；

② 城市布局发展模式；

③ 城市人口规模与出行率；

④ 票价；

⑤ 服务水平；

⑥ 政府的交通运输政策；

⑦ 交通网的规模与布局；

⑧ 私人交通工具的拥有量。

3. 普通车站客流组织

车站是城市轨道交通客流的集散地，一般由出入口及通道、车站主体、通风道及风亭、以及其他建筑物组成。车站主体通常包括车站用房和乘客使用空间两部分，车站用房为车站工作人员所用，乘客使用空间则用于车站客流组织管理。

在不考虑换乘的普通车站，在进行日常客流组织时，应遵循以下几方面的原则。

① 售检票位置与出入口、楼梯应保持一定距离。售检票位置一般不设置在出入口、通

道内，并尽量保持与出入口、楼梯有一定的距离，从而保证出入口和楼梯的畅通。

② 保持售检票位置前通道宽敞。售检票位置一般设置在站厅内宽敞处，以便于售检票位置前客流的疏导，售票检票应适当保持一定距离，避免排队时拥挤。

③ 售检票位置根据出入口数量相对集中布置。城市轨道交通车站一般有多个出入口，为了减少乘客进入车站后的走行距离，一般设置多个售检票位置，但过多设置售检票位置容易造成设备使用的不平衡，降低设备使用效率，并且不利于管理，所以售检票位置应根据车站客流的大小相对集中布置。

④ 应尽量避免客流的对流。客流的对流减缓了乘客出行的速度，同时也不利于车站的管理。因此，车站应对进出客流进行分流，进出车站检票位置应分开设置，以保证乘客经过出入口和售检票位置的线路不发生对流。

4. 换乘车站客流组织

换乘车站一般客流比较大，同时客流流线复杂，客流组织相对于普通车站更为复杂。

换乘车站内客流（指线间换乘）的组织应采取引导标志和分隔控制的设施来保证换乘客流不会与进站或出站的客流产生交汇。换乘车站客流进站后，应有清晰的指引标志引导购票者进入乘车线路的付费区，再进入站台候车。

换乘车站客流组织原则如下。

① 在设计上，应根据地形优先考虑使用平行换乘或十字换乘，在困难地段可考虑采用通道换乘。

② 换乘通道应设在付费区内，以实现无障碍换乘。

③ 应设双向楼/扶梯，换乘通道要以方便、快捷为主，并考虑设置分隔护栏（客流控制用）的条件。

不同交路运营及换乘客流的导向指引（在列车内或车站站厅/站台的信息综合显示）可采用以下措施。

① 在列车内广播和显示前方换乘站的信息和换乘路径。

② 在车站的站厅/站台上，广播和显示本站或换乘列车的综合运营信息（预计几分钟后到站，首/末车的时间及提示）。

③ 在出入口设置显示本站首/末车时间和运营信息。

知识链接

城市轨道交通换乘方式

1. 同站台换乘

同站台换乘是指两条不同线路的站线分设在同一站台的两侧，乘客可在同一站台由甲线换乘乙线。此类换乘车站一般是两条线路平行交织，而且采用岛式站台。这种情况下要求站台能够满足换乘高峰客流量的要求，换乘楼梯或自动扶梯应有足够的宽度，以免发生乘客堆积和拥挤。

2. 站厅换乘

乘客在换乘过程中，须通过另一个车站的站厅或者两站共用的站厅到达另一个车站的站台。这种情况下下车客流朝一个方向流动，应减少站台上人流的交织，使乘客行进速度加快。

3. 通道换乘

这种换乘方式下两个车站通过设置单独的换乘通道为乘客提供换乘。通道换乘设计应注意上下行客流的组织，更应避免双方向的换乘客流与进出站客流的交叉紊乱。

4. 组合式换乘

在这种条件下一定要确保换乘旅客客流顺畅，特别要做好客流的诱导工作。

任务3.3　客运组织服务

子任务3.3.1　客运组织服务目标

为乘客提供安全、迅速、便捷、舒适的服务是城市轨道交通运营企业的宗旨，而车站的客运组织是客运服务工作的一个关键环节。因此，客运组织管理服务目标如下。

① 从服务于社会、服务于市民的层面，以乘客为中心，实现服务规范化和标准化，为市民提供安全、准时、舒适、便捷的运营服务。

② 切实了解和掌握乘客的需求，积极开展人性化的服务。

③ 建立持续性循环评价机制，善于开展服务创新，随着客运量的持续增长，不断完善和提高运营的服务质量，树立自身独特品牌优势，提高乘客满意度和忠诚度，取信于民，取信于政府，凸显企业效益，贡献社会。

子任务3.3.2　客运组织服务流程

城市轨道交通将乘客从其出发站输送到目的站，为他们提供安全、便利、舒适、快捷的乘车、候车环境。城市轨道交通运营企业必须在每一个乘车环节均为乘客提供优良的服务，使每一位乘客在从购票乘车到下车出站的全过程中都感到满意，下面沿乘车流程介绍各个乘车环节的客运服务。

1. 引导乘客进站

在城市轨道交通车站各出入口设立明显的导向标识，方便乘客识别并根据导向标识的指示进站乘车。在一些城市轨道交通比较发达的城市，几乎每隔500 m即有一个明显的导向标识，便于乘客选择各出入口进站，示例如图3－8所示。

2. 问讯服务

车站的问讯服务分为有人式服务和无人式服务两种。有人式服务指的是车站的工作人员向问讯的乘客提供的服务，如图3－9所示。但随着时代的发展，车站的问讯服务正在向无人式服务方向发展。无人式服务是指车站设置计算机查询平台，可供乘客对出行线路、票价以及各类票卡的金额等进行查询。在很多城市，已经采用了自动售票机，自动售票机可实现售票和部分问讯功能。

图3－8　引导乘客进站导向标识

图3－9　人工问询服务

3. 售检票服务

目前，城市轨道交通提供的售票服务主要有人工发售和“自动为主、人工为辅”两种方式，而且后者已经成为城市轨道交通售票服务的主流形式。采用自动售检票系统（见图3－10、图3－11）替代人工，可以提供更为准确的售票服务，提高服务效率和服务水平。从长远发展角度来看，也可以提高企业的经济效益。

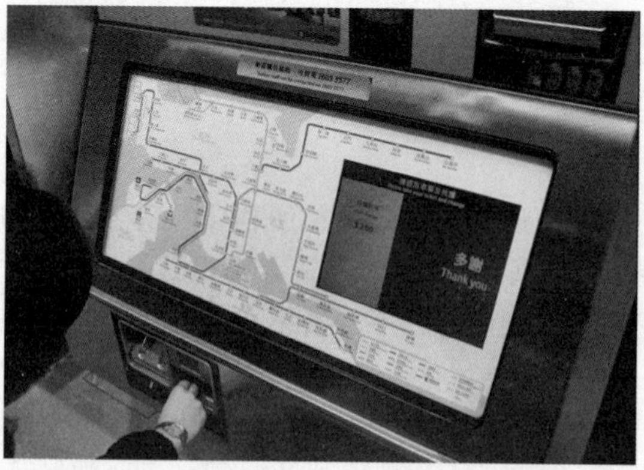

图3－10　自动售票机

图3－11　自动检票闸机

4. 组织乘降

站台应设有明显的候车安全线，提示乘客在列车未进站停稳、车门未完全打开之前，不要越过安全线，以防发生意外事件。目前，多数城市已经采用屏蔽门技术（见图3－12），既可以为乘客提供一个舒适的候车环境，又能保障乘客的候车安全。

图3－12　屏蔽门

另外，车站还应提供自动播报，为乘客预报下次进站列车的进站时间和开行方向。这种自动播报通常有两种形式。一种是自动广播系统，当后续列车驶入接近区段时，广播系统自动工作；另一种是在站台设置同位显示器（见图3－13），向乘客预告列车运行情况及还需几分钟到站。

图3－13　同位显示器

5. 出站验票

乘客到达目的站后，持票卡验票出站，车站应有各类导向标识（见图3－14），引导乘客从所需的出站口出站。对所购票卡票款不足的乘客，车站应提供补票服务。如果使用自动售检票系统，车站还须提供票卡分析服务。

图 3－14　出站标识

子任务 3.3.3　客运组织服务标准与服务范围

城市轨道交通运营企业应以乘客为中心，引入先进的服务理念，不断丰富、完善运输服务内容，实现服务规范化和标准化。同时，还应制定完善、明确、详细的服务标准，包括服务的定位和服务的内容，不断进行服务创新，将服务项目和标准向社会公开，并接受监督。此外，应该建章立制，严格考核，落实服务标准，提高服务质量。

1）客运组织服务标准

城市轨道交通的客运组织服务标准如下。

① 为乘客提供符合服务规范的服务设施、候车环境和乘车环境。

② 为乘客提供规范、有效的乘车信息。

③ 在非正常情况下，为乘客提供必要的安全信息和指导信息。

④ 为乘客提供的公益或商业服务应以方便乘客、提高服务质量为目标，保证客运服务质量不受影响。

2）客运组织服务范围

城市轨道交通的客运组织服务范围如下。

① 维护车站秩序，组织乘客有序乘降。

② 提供兑零、充值、更新等售票工作。

③ 处理乘客投诉、来访、乘客纠纷。

④ 回答乘客咨询，重点关注老弱病残乘客。

⑤ 向残障乘客等特殊人群提供相应的服务等。

子任务3.3.4　提高客运组织服务质量的措施

城市轨道交通运营企业应树立“以乘客为中心”和“以社会为整体”的服务管理理念，加强服务管理，从服务管理理念的更新来实现服务管理形式、手段的改变，以及运营质量的提高。可采取以下提高客运组织服务质量的措施。

① 提高员工的规范服务技能和业务水平。

② 加强员工素质培养，树立全员服务意识，增强员工爱岗敬业和优质服务意识，提高服务技能和服务水平。

③ 建立投诉监督管理机制，加强与乘客之间的面对面沟通。

同时，还应开展多元化企业品牌形象策划，提高企业的竞争力和形象，并带动其他列车的客运服务工作，可采取以下措施。

① 在城市轨道交通线路开通运营之前和初期，重点针对具体的站点信息，即地理位置、接驳的公交线路和售检票的情况，在车站地面500 m范围内间隔式地设置站外导向牌。

② 运营开通后，应积极开展人性化服务，塑造优质服务的品牌形象，并加强对外宣传，积极推动文明窗口、青年文明号等创建活动。

③ 在运营逐步稳定之后，车站客运服务质量评价指标应引入满意度评价体系。

任务3.4　特殊情况下的客运组织

子任务3.4.1　车站大客流时的客运组织

定义： 大客流是指车站在某一时段集中到达的客流量超过车站正常客运设施或客运组织措施所能承担的客流时的客流。

大客流往往是在上下班高峰期、节假日旅游高峰期，以及举办重大活动（大型体育赛事、音乐会等）或风、雨、雪恶劣天气等情况下发生，大客流虽然持续时间不长，但在大客流冲击下，往往对客流组织形成较大甚至很大的压力，城市轨道交通运营公司必须在保证安全疏散客流的前提下，尽快地疏散客流。

1. 车站大客流组织的影响因素

影响车站大客流组织的因素如下：

① 车站出入口及通道的设置；

② 展厅的面积；

③ 站台的面积；

④ 楼梯与通道的通过能力；

⑤ 自动售检票设备的通过能力；

⑥ 列车输送能力。

2. 大客流组织的主要措施

出现大客流时，应根据现场客流情况及时采取“三级客流控制”措施，即以站厅通站台楼梯口、进闸机、出入口等为控制点，根据需要按照由内至外、由下至上的原则，进行客流控制（见图3－15）。具体可采取以下大客流组织措施。

图3－15　大客流控制现场

① 增加列车运能。根据大客流的方向，在大客流发生时，利用就近的折返线、存车线组织列车运行，实施增开临时列车、增加列车运能的措施，从而保证大客流的疏散。

提示： 列车的运能是大客流组织的关键。

② 增加售检票能力。售检票能力是大客流疏散的主要障碍，车站在设置售检票位置时应考虑提供疏散大客流的通道。在大客流疏散时，可采取以下措施：事先准备足够的车票，在地面、通道、站厅增加售票点，增设临时检票点。

③ 采取临时疏导措施。在大客流组织中，通过临时合理的疏导方式对客流方向进行限制是一项很重要的组织措施，主要包括：出入口、站厅的疏导，站厅、站台扶梯及站台的疏导。出入口、站厅的疏导主要是根据临时售检票位置的设置，限制客流的方向，来保持通道的畅通和出入口、站厅客流的秩序；站厅、站台扶梯及站台的疏导主要是为了尽量保证客流均匀上下扶梯和尽快上下列车，保证站台候车的安全。临时疏导措施主要有设置临时导向标志、设置警戒绳或隔离栅栏、人工引导、广播宣传引导等。

④ 关闭出入口或进行进出分流。大客流往往是难以预测的，因此为了保证大客流发生时疏散客流的安全，在难以采用有效措施及时疏散客流时，可采用关闭出入口或对某部分出入口限制乘客进入车站的措施来阻止一部分客流或延长大客流疏散的时间。

3. 车站大客流组织应急预案

不同城市轨道交通运营企业制定的大客流组织应急预案各不相同，但大致程序如下。

① 车站值班站长及时向行车调度员报告，行车调度员通过监控系统加强对车站客流情况的监控。

② 车站加强现场疏导工作，增加工作人员，利用隔离带等临时疏导措施做好秩序维护

和服务工作。

③ 车站应该在适当的地点增加临时售票点，出售预制票，避免自动售票机前排长队购票情况发生。

④ 车站根据现场情况，利用告示牌、临时导向标识、车站总控制室广播设备、手提广播设备，做好宣传、引导工作。

⑤ 车站值班员通过监控设备加强现场监控。

⑥ 车站加强对出入口、站厅、站台客流的监控和疏导，避免非付费区人员过度拥挤或流通不畅。

⑦ 车站应根据客流情况，实行楼梯和电动扶梯、闸机、出入口三级控制。

⑧ 当站台发生拥挤时，车站应采取关闭部分自动售票机、进站闸机的措施，减缓乘客购票进站速度，控制进站客流，或者在某些出入口实行单向疏导方式，缓解进站客流压力。

⑨ 车站保安应密切注意站台及列车情况，一旦发生列车上乘客拥挤、乘客上车困难的情况，应立即向运行控制中心请求加车。

⑩ 列车驾驶员发现有乘客上不了车、影响车门或屏蔽门关闭时，应及时报告行车调度员，并通过广播引导乘客有序上车。

子任务 3.4.2 新线开通时的客运组织

新线开通投入运营时，应采取以下措施保障市民便捷换乘。

① 优化行车组织，缓解换乘站高峰期客流组织压力，客流高峰时段应及时组织列车到换乘站投入服务，加大换乘站运能。

② 优化车站客流组织，坚持“先疏导后控制”的原则。在客流控制时，应先控制入闸客流，再控制换乘客流。

③ 加强线网换乘客流的宣传，引导乘客合理换乘，减小运能不匹配的换乘车站和线路的客流组织压力。

同时，城市轨道交通运营企业还要积极开展营销活动，争取达到以下目标。

① 吸引更多的乘客乘坐轨道交通。

② 吸引乘客在非高峰期乘坐轨道交通。

③ 树立和提升企业品牌形象，促进区域经济发展。

结合营销活动目标，城市轨道交通运营企业应积极运用可以控制的各种市场营销手段，并根据乘客不同的需求偏好，制定合理的票务营销策略。

子任务 3.4.3 突发事件下的客运组织

1. 发生突发事件时的客运组织

当城市轨道交通出现严重的设备故障、线路故障或由于不可预知的突发事件，如人为破坏、火灾、爆炸、毒气、大面积停电等导致行车组织、运营服务紊乱，相关设备设施在短时间内无法修复时，应合理控制客流或进行疏散，及时启动公交信息通告和公交接驳预案，并可按以下措施执行。

① 城市轨道交通出现列车延误时，应满足乘客的知情权，通过广播、告示及其他通信途径告知乘客事故原因、修复进度等。

② 当事件影响到换乘车站的换乘组织工作时，应组织线网车站、列车及时通过广播告知乘客。

③ 当故障导致列车延误时，车站要及时进行人流控制，分批组织乘车。

2. 城市轨道交通不能及时恢复运营时的客运组织

当城市轨道交通不能及时恢复正常运营时，应采取以下措施。

① 应启动城市轨道交通与公交接驳的预案，借助地面公交系统完成乘客的载乘。

② 公交接驳车站要按预案要求安排工作人员引导乘客从边门出站，并引导乘客到指定出入口的公交接驳点候车。

③ 指定候车点要摆放明显的公交接驳指示牌，车站要在站厅设置前往公交接驳点的告示，告知乘客公交车的行驶方向、途经地点等。

思考与实训 3

思考题

思考并回答以下问题：

（1）什么是城市轨道交通客运组织？如何分类？有什么特点？

（2）城市轨道交通客运组织原则是什么？具体体现在哪些方面？

（3）城市轨道交通客流具有什么特点？

（4）影响城市轨道交通客流的因素有哪些？

（5）处于什么位置的车站的日客流变化具有单峰型规律？

（6）处于什么位置的车站的日客流变化具有双峰型规律？

（7）处于什么位置的车站的日客流变化具有突峰型规律？

（8）简述乘客进站乘车和出站的流程。

（9）简述城市轨道交通的客运服务流程。

（10）简述城市轨道交通的客运服务标准。

（11）简述改进城市轨道交通客运服务质量的措施。

（12）什么是大客流？

（13）如何进行大客流客运组织？

（14）新线开通时如何进行客运组织？

(15) 发生突发事件时如何进行客运组织?

实训任务

任务1 参观城市轨道交通车站，分析车站售票机、进出站闸机等相关客运设备的设置原则，并对所参观城市轨道交通系统的客运服务水平进行评价。

任务2 组织同学分角色扮演行车调度员、值班站长、站务员，进行车站大客流客运组织的模拟演练。

项目 4

城市轨道交通行车组织管理

项目导学

本项目中，首先介绍城市轨道交通行车组织的基本概念、列车运行计划、列车运行图、列车自动控制系统等行车组织基础知识，然后介绍城市轨道交通行车组织管理原则和相应的行车组织机构设置，重点介绍车站行车组织管理和车辆段行车组织管理，最后介绍了非正常情况下的行车组织管理。

教学目标

（1）了解城市轨道交通行车组织管理工作的内涵。
（2）熟悉列车运行计划、列车运行图、列车自动控制系统。
（3）掌握城市轨道交通行车组织管理原则。
（4）掌握城市轨道交通行车组织机构设置。
（5）熟悉城市轨道交通车站行车组织方法。
（6）熟悉车辆段行车组织方法。
（7）掌握非正常情况下的行车组织技能。

建议学时

8 学时

任务4.1　掌握城市轨道交通行车组织基础知识

定义：城市轨道交通行车组织就是采用各种技术手段，保证列车运行系统、客运服务系统、检修保障系统的专业设置和设备的正常、合理运转，从而实现安全、舒适、快速、准时、便利地运送乘客，以满足乘客出行的需要。

从定义可以看出，行车组织工作是城市轨道交通系统完成其运营任务的核心，它担负着指挥列车运行、保证行车安全、提高运输效率的重要任务，它的好坏直接影响乘客运输任务的完成情况。

行车组织管理的目标是建立高效运作的组织体系，制定全面严谨的规章制度，充分利用各项行车设备，各岗位密切协作，确保行车组织安全、准点、高效。

子任务4.1.1　列车开行计划

为了经济合理地运用技术设备，实现高服务水平、高效率和低成本的运营目标，轨道交通的运营组织必须以列车开行计划为基础。列车开行计划由全日行车计划、列车运行方案、车辆配备计划和列车运行图组成。由于列车运行图是组织列车运行的基础，在子任务4.1.2中单独讲解，本任务中仅介绍前3项。

1. 全日行车计划

全日行车计划是营业时间内各小时开行的列车数计划，它是编制列车运行图和确定车辆运用的基础资料。

1）全日行车计划影响因素

全日行车计划根据营业时间内的分时最大断面客流量、列车定员数和车辆满载率，以及希望达到的服务水平进行编制。全日行车计划编制的基础是客流情况。下面介绍全日行车计划的主要影响因素。

① 营业时间。营业时间的安排主要考虑两个因素：一是考虑市民出行活动的特点，方便乘客；二是满足轨道交通各项设备检修施工的需要。世界上大多数城市的轨道交通每天的营业时间在18～20 h，个别城市是24 h运营，如美国的纽约和芝加哥。适当延长运营时间，是轨道交通服务水平的体现。

② 分时最大断面客流量。站间客流数据是计算最大断面客流量的原始资料。根据站间客流数据，首先计算出各站上下车人数，然后计算出断面客流量，最后得出最大断面客流量。

③ 列车定员数。列车定员数是列车编组辆数和车辆定员数的乘积。列车编组辆数的确定以高峰小时最大断面客流量作为基本依据。在客流量与列车运能一定的情况下，列车编组

辆数取决于列车间隔和车辆选型。但在列车密度已经较大时，为满足增长的客流需求，增加列车编组辆数往往成为首选措施。此时，轨道交通保有的运用车数是增加列车编组辆数的限制因素之一，其他限制因素包括站台长度等。

④ 满载率。即单位时间内、特定断面上的车辆载客能力利用率。在实际工作中，满载率通常是指早高峰小时、单向最大客流断面的车辆载客能力利用率，它与单向最大断面客流量、单位时间内开行的列车数、列车编组数及车辆定员数有关。

小贴士：车辆定员数取决于车辆的尺寸、车厢内座位布置方式和车门设置数。一般而言，在限界范围内，车辆长宽尺寸越大载客越多，车厢内座位纵向布置较横向布置载客多。

满载率不仅反映了列车在最大断面客流时的满载程度，也反映了乘车的舒适程度。为提高车辆利用率、降低运输成本，在编制全日行车计划时，高峰时段可适当超载。

2）全日行车计划的确定

根据分时最大断面客流量、列车定员数及线路满载率计算出营业时间内分时开行列车数和行车间隔时间后，还需考虑乘客便利性、服务质量等因素，检查是否存在某段时间内行车间隔时间过长的情况，调整开行间隔，最终综合考虑以上因素确定全日行车计划。

小贴士：行车间隔时间过长，会增加乘客的候车时间，降低乘客的出行速度，不利于吸引客流。为方便乘客、提高服务水平，轨道交通系统在非高峰运营时段应视轨道交通线路沿线的客流状况合理确定行车间隔，最终确定的行车间隔时间不宜大于10 min。另外，高峰时段行车间隔应与列车折返能力相适应。

2. 列车运行方案

提示：列车运行方案是日常运营组织的基础。

列车运行方案包括列车交路方案、列车编组方案、列车停站方案三部分。

① 列车交路方案规定了列车的运行区间与折返车站。

② 列车编组方案规定了列车是固定编组还是非固定编组，以及列车的编组辆数。

③ 列车停站方案规定了列车是站站停车还是非站站停车，以及非站站停车的方式。

此外，列车运行方案还规定了按不同编组、交路和停站方案开行的列车数。

列车运行方案的选择应遵循客流分布特征与运营经济合理兼顾的原则，以实现既能维持较高的乘客服务水平，又能提高车辆运用效率的目标。

3. 车辆配备计划

车辆配备计划是指在一定类型设备和行车组织方法条件下，为完成一定的运输任务而必须保有的车辆。车辆按运用上的不同，分为运用车、检修车和备用车三类。

① 运用车是为了完成日常客运任务而配备的技术状态良好的车辆，运用车数与高峰小时开行列车数、列车周转时间、列车编组辆数有关。列车周转时间是指列车在线路上往返一次所消耗的全部时间。它包括了列车在区间的运行时间，在各中间站的停车时间，以及在两端折返站的折返停留时间。

② 检修车是指处于定期检修状态的车辆。车辆经过一段时间的运用后，各部件会产生磨耗变形或损坏。为保证车辆技术状态良好、确保列车运行安全和延长车辆使用寿命，需要定期对车辆进行各种修程的检修。

③ 备用车是指技术状态良好的备用车辆。为了适应客流变化，确保完成临时紧急的运输任务，以及预防运用车发生故障，必须保有若干技术状态良好的备用车辆。备用车的数量一般控制在运用车数的10%左右。备用车原则上停放在停车场内或线路两端终点站。

子任务 4.1.2　列车运行图

1. 看懂列车运行图

城市轨道交通的行车组织工作，需要根据客流分布规律、线路分布情况、列车运力及预计满载率来预先制定行车计划，按计划行车。

列车运行图是城市轨道交通行车组织工作的综合性计划，它规定了各次列车占用区间的顺序和时间、列车在各个车站的到发及通过时刻、区间运行时分、停站时分、折返站列车折返作业时分、列车出入车辆段时分、设备保养维修时间和驾驶员作息时间等，并运用坐标原理以图解的方式把所有这些内容在一张图上表现出来。图4－1所示是列车运行图的一个示例。

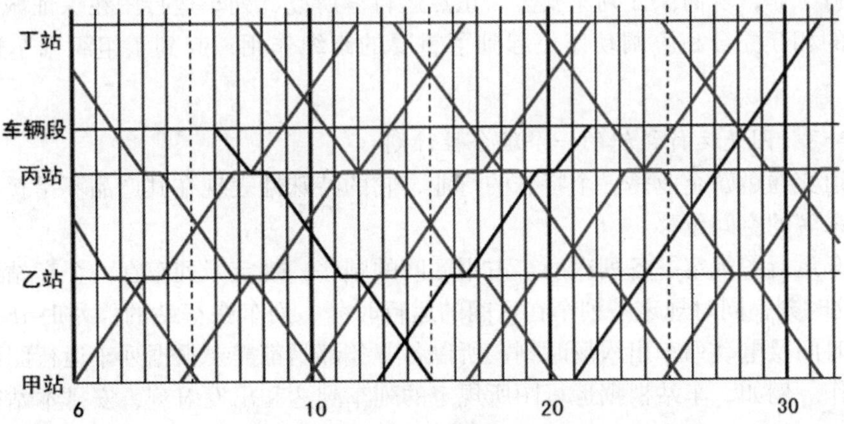

图4－1　列车运行图

对图 4－1 说明如下。

① 横坐标：表示时间变量，按要求用一定的比例进行时间划分，一般城市轨道交通列车运行图采用 1 分格或 2 分格，即每一等分表示 1 min 或 2 min 时间。

② 纵坐标：表示距离变量，其标志点按车站来定义，以车站中心线所在位置进行距离定点，因此它不是等间隔的。

③ 垂直线：是一组平行的等分线，表示时间等分段。

④ 水平线：是一组平行的不等分线，表示各个车站中心线所在的位置。

⑤ 斜线：列车运行轨迹（径路）线，一般以上斜线表示上行列车，下斜线表示下行列车。

⑥ 运行图上列车运行线与车站的交点即表示该列车到达、出发或通过的时刻。由于城市轨道交通列车停站时间较短，一般不标明到、发时间。

⑦ 列车运行图上每辆列车均有不同的车号与车次。一般按不同列车类别规定代号与列车号，如专运列车、客运列车、施工列车等。按发车顺序编列车车次，上行采用双数，下行采用单数，但也有例外。

⑧ 在列车运行图上，以横线表示车站中心线的位置，一般以细线表示中间站，以较粗的线表示换乘站或有折返作业的车站。

2. 了解列车运行图的作用

1）列车运行图是组织列车运行的基础

列车运行是一个很复杂的系统性问题，它要求各个部门、各工种、各项作业之间相互协调配合，才能保证列车安全和提高运输效率

列车运行图不仅把沿线各车站、线路、供电、车辆、通信信号等技术设备的运用联合成一个统一的整体，而且把所有与行车有关的部门和单位都组织起来，严格地按照一定程序有条不紊地进行工作，从而保证列车安全、正点运行。所以，列车运行图在保证城市轨道交通运营各部门的相互配合和协调动作上起到了重要的组织作用，起到了组织列车运行基础的作用。

2）列车运行图是运行组织的一个综合性计划

城市轨道交通运营企业是一个特殊的行业，它的特殊性表现在其产品不是普通的物质性产品，而是乘客的空间位移。

由于列车运行图规定了各列次列车占用区间的顺序，规定了列车在一个车站到达和出发（或通过）的时刻，同时规定了列车在区间的运行时分、列车在车站的停站时分、折返站列车折返作业时间及电动列车出入场时刻，所以各业务部门都需要根据列车运行图所规定的要求来安排工作。例如，车站根据运行图所规定的列车到达和出发对刻，安排本站行车组织工作和客运组织工作；车辆维修部门每天运营前要整备好运营需求的列车数；车辆运转部门要根据列车运行图的要求确定列车的派出时刻和乘务员的作息计划；工务、通信、信号、供

电、机电等部门也要求根据列车运行图的规定来安排施工计划和维修计划。因此，列车运行图是城市轨道交通运行组织的一个综合性计划。

小贴士：列车运行图不是一成不变的，它需要随着客流状况、值乘方式、行车技术等的变化不断进行调整和优化，只有这样才能满足提供优质客运服务的城市轨道交通运营目标。例如，香港轻轨系统（LRD）运行图有两种，一种是工作日图，另一种是双休日图。在一年内时刻表至少要根据客流需求的变化调整两次以上。

子任务4.1.3　列车运营时刻表

列车运营时刻表是列车运行图的文字体现。城市轨道交通运营企业可根据客流需求和管理需要，编制并执行工作日、周六日运营时刻表和节假日运营时刻表，遇临时重大活动还可编制特殊的运营时刻表。

列车运营时刻表编制的原则是以设备、人员水平为基础，效率优先，兼顾冗余，满足运营的各项需求。列车运营时刻表具有以下特点。

① 列车运营时刻表应实行“集中编制，统一管理”，由运输技术归口部门组织运营时刻表的集中编制（并协调各线首、末班车的换乘时间）、报批、下发运作命令实施，并对实施运营时刻表情况进行分析。

② 运营时刻表分为平峰时刻表、单峰时刻表和驼峰时刻表三种。应考虑乘客对行车间隔的敏感性，以7～8 min为界，大于7～8 min仅设置平峰，小于7～8 min就考虑设置高低峰。峰期的设置须根据客流规律设置，各时段的运力应考虑一定的富余量，以应对客流的波动。

③ 相邻的城市轨道交通线路间应考虑线间运营换乘点列车时间匹配问题，并结合信号、自动售检票系统功能和广播及导向系统等，为乘客提供贴心服务。

④ 应保证一年内使用不少于20套上述运营时刻表。

行车组织部门应结合自身业务特点、操作习惯、运营模式，与信号系统的设计、建设部门加强沟通，提出行车组织对信号系统功能的需求。

子任务4.1.4　列车自动控制系统

列车自动控制（automatic train control，ATC）系统是城市轨道交通信号系统最重要的组成部分，它改变了传统的信号控制方式，可以连续、实时地监督列车的运行速度，自动控制列车的制动系统，实现行车指挥和列车运行自动化，进而最大限度地保证列车运行安全，提高运输效率，减轻运营人员的劳动强度，发挥城市轨道交通的通过能力。

列车自动控制系统包括三个子系统：

① 列车自动防护系统（automatic train protection，ATP），主要作用是防止列车追尾、冲突事故的发生，并控制列车的运行速度不超过允许的最高速度。

② 列车自动驾驶系统（automatic train operation，ATO），主要作用是实现列车自动驾驶，并使列车在设定的车站自动停车。

③ 列车自动监控系统（automatic train supervision，ATS），主要作用是对线路上运行的所有列车进行监督和管理，控制列车根据列车运行图完成运营作业，因而ATS又被称为列车指挥自动化系统。

三个子系统的功能既能相对独立，又紧密相连，通过信息交换网络构成闭环系统，实现地面控制与车上控制结合、就地控制与中央控制结合，构成一个以安全设备为基础，集行车指挥、运行调整及列车驾驶自动化等功能为一体的列车自动控制系统。

任务 4.2　熟悉行车组织管理原则

城市轨道交通的行车组织宗旨、行车安全方针、行车方向等行车指挥原则应该统一，并与运营人员的使用习惯融为一体。

城市轨道交通运营管理单位应建立和完善城市轨道交通的行车组织、指挥机构，实施直接、高效的运营行车组织管理。

城市轨道交通的行车组织原则如下。

① 城市轨道交通运营管理行车组织工作，应以“安全运送乘客、满足设备维修的需要，按运营时刻表的要求实现安全、准点、舒适、快捷的运营服务”为宗旨。

② 城市轨道交通运营行车组织指挥工作，必须坚持安全生产的方针，贯彻“高度集中，统一指挥，逐级负责”的原则。

③ 凡与列车运行有关的各部门都必须根据“运营时刻表”的规定组织本部门的工作，其中行车时间以北京时间为准，从零时起计算，实行24小时制，行车日期划分以零时为界，零时以前办妥的行车手续，零时以后仍视为有效。

④ 城市轨道交通运营行车组织采用双线单方向运行。

任务 4.3　车站行车组织管理

车站行车组织作业应按列车运行图要求，不间断地接发列车与折返列车，确保行车安全与乘客安全。车站行车组织作业包括接发车作业和列车折返作业等。

1. 车站的行车指挥层次

车站的行车指挥层次可分为：值班站长→行车值班员→客车司机/站务员。车站的行车指挥层次如图4－2所示。

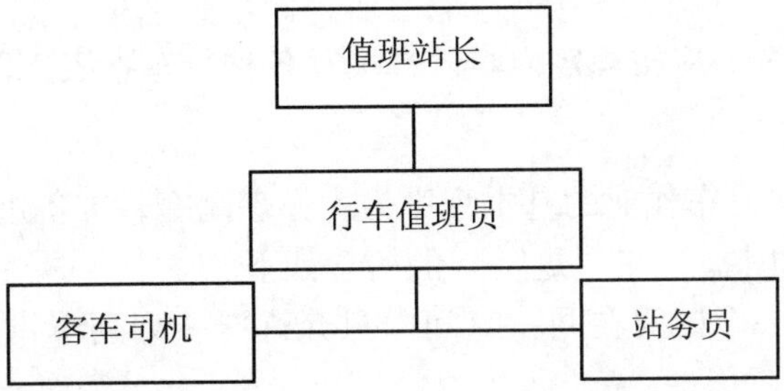

图4－2　车站的行车指挥层次

其中，值班站长一般负责本班全站的日常行车、客运管理、乘客服务、事故处理、设备日常管理、安全管理、员工培训等工作，并听从OCC行车调度员的指挥。

行车值班员是一个车站的中枢控制岗位，保证城市轨道交通列车的运行安全和正点，负责对车站的行车组织、设备运行、安全保证等进行集中调度、统一指挥。在车站，行车值班员是车站行车作业的组织者和指挥者。

客车司机负责客车的运行驾驶工作，站务员负责车站的售票、安检、客服等工作。

2. 车站行车指挥工作的特点

车站行车指挥工作具有以下特点。

① 在信号系统正常工作的条件下，列车的进路可由信号系统自动排列，或由行车调度员人工介入排列进路。

② 车站行车组织重点工作是监督行车设备的运转状态，执行控制中心指令调整列车运行，对加开、晚点列车进行通报，与司机执行互控和联控措施。

③ 在信号系统故障的情况下，车站是行车工作的直接操作者和执行者。必要时，车站可根据OCC行车调度员的命令准备列车进路，办理接发列车手续。

3. 车站行车作业的基本要求

对车站行车作业的基本要求如下。

① 严格执行单一指挥制。车站行车作业由车站行车值班员统一指挥，列车在车站时，列车司机应该在车站行车值班员的指挥下进行工作，而车站行车值班员应该执行行车调度员的命令。

② 遵守纪律，按图行车。认真执行行车规章制度，遵守劳动纪律，办理作业要正确、及时，严禁违章作业。当班要精神集中，服装整洁，佩戴标志，保证车站安全和不间断按列车运行图接发车。

③ 作业联系及时准确。联系各种行车事宜时，必须程序正确，用语规范，内容完整，严防误听、误解和臆测行事。

④ 发送列车目迎目送。发送列车严肃认真，姿势端庄。认真做好看、听、闻，确保列车安全运行。

⑤ 行车报表填写齐全。应按规定内容认真填写各种行车报表，保证报表完整、整洁。

4. 车站接发车作业

城市轨道交通车站接发车作业的基本程序为：办理闭塞，准备进路，发出列车，接入列车，解除闭塞。其中，“闭塞”和“进路”的概念如下。

① 闭塞的实质是同一个区间在同一时间内只允许有一列列车占用。办理闭塞实际上就是使列车取得区间占用许可。

② 进路是指列车运行或调车作业走行的路径，前者称为列车进路，后者称为调车进路。

办理闭塞与准备进路两项作业，正常情况下由 OCC 办理，非正常情况下由车站办理。

1）正常情况下的接发车作业

城市轨道交通普遍采用行车指挥自动化系统，列车实行自动驾驶，所以城市轨道交通正常情况下不办理接发车作业，具体说明如下。

① 在行车自动化时，一般都采用自动闭塞，也就是说区间闭塞是自动办理的，随着列车的运行，自动完成闭塞作业。车站行车值班员通过列车控制监视台监视列车进路、信号显示、列车到发及通过情况，以及列车运行状态是否正常等。

② 在行车自动化时，控制中心 ATS 根据列车运行图及列车运行实际情况，通过车站联锁设备自动排列进路，实时控制接发车作业。

2）非正常情况下的接发车作业

只有在列车开到区间因故障需要退回车站等特殊情况下，才需要车站人工办理接发车作业，具体操作步骤如下。

① 办理闭塞。当出现故障，自动闭塞无法正常使用时，可采用区间闭塞设备进行闭塞作业，或由区间两端车站行车值班员通过电话发出电话记录号码来办理闭塞作业。

② 办理进路。在车站办理进路的情况下，区间进路由车站行车值班员办理。接车站接到发车站请求闭塞电话后，先确认接车区间空闲，再准备接车进路。接车进路准备妥当后，向发车站发出承认某次列车闭塞的电话记录号码，并填写《行车日志》。

③ 发车作业。发车站接到接车站承认闭塞的电话号码后，填写路票，交给司机，向司机显示发车手信号。列车发出后，发车站向接车站和行车调度员报告，并填写《行车日志》。

④ 接车作业。接车站在列车停车位置向司机显示停车手信号。列车整列到达停妥后，向列车司机收取路票。

⑤ 解除闭塞。接车站在整列车发出或进入折返线，且接车进路准备妥当后，向发车站发出到达列车闭塞解除的电话记录号码，向行车调度员报告，并填写《行车日志》。

知识链接

列车发车、进站时的安全规定

1. 列车发车时的安全规定

正线运营列车的发车，在车站内停车后具备了开行的条件后，由车站出发开往前方运行区间，进入下一个车站。发车作业时的安全规定如下。

① 列车停站后，列车司机应认真监视乘客的上下乘降情况，只有在乘客上下车基本完毕，站台发车表示器开始闪光时，才可以关闭车门。

② 司机在关闭车门后，还必须确认列车客室车门关闭情况良好，即确认车门无夹人、夹物后，才能回驾驶室内准备发车。

③ 列车发车时，必须确认进入区间的凭证正确，符合要求。

2. 列车进站时的安全规定

① 列车在接近车站时，要做好客室的广播工作，并且进行监听与确认，以防止漏播和错播，应及时更正客室广播的失误。

② 列车进站时，司机必须加强瞭望，密切注意车站站台乘客及线路状况，防止乘客跌入站台下，禁止异物进入行车限界。如果发现异常情况，司机必须迅速采取制动措施，确保人身安全与行车安全。

③ 列车进站停车时，应按规定位置停车。列车停站后，司机应立即开启客室车门，确保乘客及时上下车。

5. 列车折返作业

定义：列车折返作业指的是列车沿着折返线开行，进而改变开行方向的作业。

列车折返线是指为实现列车折返作业而设置的专供改变列车运行方向的线路。在城市轨道交通系统中，线路的终点站一般设置折返线，在客流密度差异较大的中间站也会酌情设置折返站。

折返作业分调度集中控制和车站控制两种。无论哪种折返方式，列车在进行折返作业前，都应该先清客，再关车门。

1）调度集中控制

调度集中控制方式下，列车进路由 ATS 自动排列，或者由行车调度员人工排列。在车站有数条折返线路的情况下，应在折返作业办法中规定优先采用的列车折返模式，明确列车折返优先经由的折返线或渡线。

在办理列车折返作业时，如要变更列车折返模式，在折返列车尚未起动时，可在通知折返列车司机后变更列车折返模式。

在自动排列折返进路时，折返列车凭发车表示器的稳定白灯显示进入折返线或折返停车位置。在人工排列折返调车进路时，折返列车凭调车信号显示进入折返线或折返停车位置。列车停妥后，司机应立即办理列车换向作业，然后凭防护信号机的准许越过显示信号进入车站出发正线。

在列车自动驾驶时，列车进出折返线的速度按接收到的 ATP 速度码自动控制；在列车人工驾驶时，列车进出折返线的速度根据有关规定，由司机人工控制。

2）车站控制

车站控制方式下，列车折返作业除了列车折返进路由车站行车值班员人工排列外，其余与调度集中控制相同。

原则上，车站行车值班员按优先采用的列车折返模式排列折返进路。如果变更列车折返模式，必须得到行车调度员的同意。

任务 4.4 车辆段行车组织管理

车辆段是城市轨道交通系统中对车辆进行运营管理、停放、检修及保养的场所，车辆段行车作业指的是按运行图制定的行车计划完成日常的车辆运行作业。

1. 车辆段的行车指挥层次

城市轨道交通的行车组织工作应遵循“统一指挥，逐级负责”的原则，车辆段内的行车组织工作由车场调度员统一指挥。车辆段的行车指挥层次如图 4－3 所示。

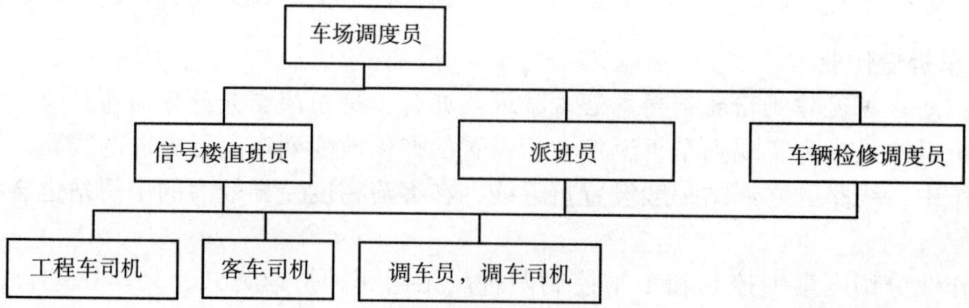

图 4－3 车辆段的行车指挥层次

2. 车辆段行车作业内容

车辆段行车组织，必须贯彻安全生产的方针，坚持“高度集中，统一指挥，逐一负责”的原则，确保及时提供技术状态良好、数量足够的列车投入正线服务，并根据实际情况及时接入退出正线服务的列车。车辆段的主要作业内容如下。

① 负责所辖各运行线路内的列车运行、整修、整备任务，确保上线运营的列车状态良好。确保上线运营列车准点出厂、回库，能顺利进行运行列车的调整。

② 配合维修人员完成列车的保养、维修、调试等工作。

③ 安排场内调车作业及正线开行施工列车。

④ 协调场内各专业技术工种在规定界面内施工。

⑤ 协助正线事故救援工作。

⑥ 编排列车运行计划，按运行图要求配置列车及乘务人员。

⑦ 对车辆乘务人员及站场行车人员进行行政管理、技术管理。

3. 列车的运转流程

列车的运转流程主要包括4个环节，分别是列车出车作业、正线运营作业、列车收车作业、列车整备作业，如图4-4所示。由于客车主要是在正线上运行，所以车辆段行车组织工作主要是出车和收车工作。

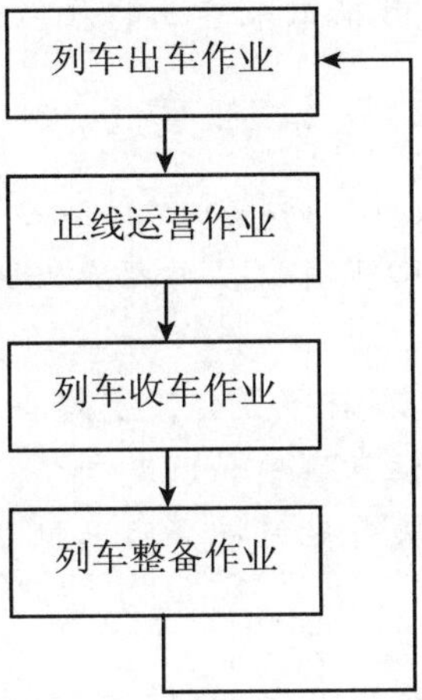

图4-4　列车的运转流程

1）列车出车作业

列车出车作业包括编制发车计划、司机出乘、列车出库与出段3部分。

（1）编制发车计划

发车计划由车场调度员根据列车运行图、运营检修用车安排、车场线路存车情况等编制。

（2）司机出乘

城市轨道交通运营管理中，司机出乘通常使用包乘制和轮乘制，并根据实际运营配备一定数量司机。

出乘是列车司机在正式开始驾驶列车前的准备阶段，在这个阶段，司机需要按时间到规定地点办理出勤手续，领取相应物品，向派班员了解相关行车注意事项，包括：

① 车次、车号、停车股道；

② 区间有无施工；

③ 限速要求；

④ 其他行车注意事项。

除此之外，还要确认派班员发放的行车备品是否齐全、状态是否良好、表单是否正确等。在完成备用列车检车程序后，备用列车司机应在车上待命。在发车工作结束后，方可回到乘务员休息室待命。

知识链接

司机出乘时的安全规定

在出乘阶段，司机除了按照司机出乘作业程序做好出勤外，还必须遵守以下安全规定：

① 列车司机在出乘前，必须充分休息，班前 8 h 内禁止饮酒。

② 司机出乘或接班时，必须对车辆状况、列车运行状况、线路状况进行充分了解，特别是对列车的故障情况要做到心中有数，对可能出现的故障有心理准备，以确保列车正常运行。

③ 司机出乘后，应认真听取班前布置会，了解当日值乘时间、地点及所接列车的车次，认真阅读并抄录运营有关注意事项和调度命令，认真做好运营时的安全预想，对可能出现的影响安全运营的恶劣天气做好充分的思想准备。

（3）列车出库与出段

司机按规定出勤后，进行相关的作业，在确认列车情况良好，且已经具备运营条件后，应该立即做好出库与出场准备，等待出库、出段投入运营。

在报告信号楼值班员“×××车整备作业完毕，请指示!”后，等待信号楼值班员命令，未得到出库命令时严禁动车。动车出库前要确认以下事项：

① 进路安全；

② 库门开启到位；

③ 信号机开放白色信号；

④ 司机室门锁闭良好；

⑤ 模式开关在 RM 位。

确认以上事项后，以鸣笛声表示动车，限速运行。出段转换模式开关至 IATP 模式，确认信号机绿色，鸣笛动车。

知识链接

列车出库、出段时的安全规定

1. 列车出库时的安全规定

列车出库时的安全规定如下。

① 司机必须掌握该列车的出库时间，保证按照规定时间正点出库。

② 列车出库时，司机必须在出库命令到达后、动车前认真确认列车周围安全情况与状态，确认内容包括：

- 车库大门定位开放、信号或命令正确；
- 与列车相关的其他作业已经停止，并且撤离动态限界；
- 在列车驾驶室内无闲杂人员和与运行无关的人员。

③ 列车出库时，司机应在列车头部越出车库大门时一度停车。列车出库时应再次确认列车四周及停车库门前交道口的安全情况，然后按规定速度行驶出库，禁止超速运行。

2. 列车出段时的安全规定

列车出段行驶是列车出库后从车场内运行至车站进站的运行过程。这段时间内的安全规定如下。

① 列车在车场内动车时必须严格按信号显示要求进行。列车运行中如果发生如信号不明、熄灯、红灯等情况，司机应立即采取措施将列车停下，并且及时通知信号楼值班室，等待信号重新开放或根据信号楼通知启动列车，但要减速运行，加强线路与信号瞭望；在信号系统严重故障、行进线路信号全部不能开放时，司机应根据信号楼值班员的发车信号动车。

② 列车出段运行经路按相关的行车管理办法执行。

③ 列车出段运行时，应在规定的位置一度停车，进行相关的准备后进站，在车站规定站台停车牌处停车。

④ 列车出段运行时严禁冒进信号进入车站或正线。在信号灯设备故障情况下，司机必须等待设备修复，或在接到调度准许命令或收到引导信号后才能动车进入。

2）正线运营作业

列车运行是指列车在正线为了“运营”这个目的而形成的列车按运行图运转的过程。列车的正线运营作业主要包括列车运行交路、列车驾驶员作业、司机交接班三个方面，各方面工作如下。

① 列车运行时，正线运行的循环交路、在两端折返的时刻、出入段时间顺序由车辆周转图规定。

② 列车驾驶员作业方面，严禁司机违章行车，应确保行车安全和乘客安全。

③ 交接班时，司机应按要求出勤，需要将列车技术状态、有关行车命令、注意事项交代清楚。

知识链接

列车正线运行时的安全规定

① 列车在运行过程中不允许当班值乘司机离开驾驶位置。

② 值乘司机包括实习人员均不得做与行车无关的事情，应随时准备应付突发事件，要切实做到"车动集中看，瞭望不间断"，密切关注与确认区间和车站站台的情况、动态。

③ 司机在运行时必须规范操作、认真瞭望、按图运行，对发现危害行车安全和人身安全的情况要反应准确、措施及时，正确记录列车故障和线路异常情况。

④ 列车司机在驾驶过程中还必须遵守和执行行车相关的各种限速规定、线路标志规定、信号规定，严格执行行车调度员的指令，确保列车正常的运行秩序。

⑤ 除了运行图规定以外，任何情况下改变运行方式都必须得到行车调度员的准许，禁止司机擅自改变运行方式。

⑥ 列车在运行中遇到紧急情况时，司机要立刻采取紧急停车措施，并报告行车调度员。

⑦ 列车在区间内运行时，在遇到道岔防护信号时，必须按信号显示的要求行车，不得擅自越过显示停车信号的信号机，同时还必须确认该道岔防护信号机与该列车的运行进路是否符合，防止由于信号系统失误或其他因素造成的不良后果。

⑧ 列车运行时，如果遇到列车自动控制失常现象，列车司机应保持冷静，立刻与行车调度员联系，按行车调度员的指令操作。

3）列车收车作业

列车收车作业主要包括列车入段与入库、库内作业两部分，主要工作如下。

① 列车入段及入库运行，一般是指该列车完成运营任务后按运行图规定退出正线运行，或者该列车因有故障经行车调度员准许退出运行进行维修，以及因其他因素而退出运行驶回车辆段的过程。正常情况下，列车入段与入库时通过入库线回段。在行车调度员准许的情况下，也可在出库线入段。

② 列车入库后，司机对其进行检查，确认无异常情况后，带齐相关报单，办理退勤手续。若发现列车技术不良，则应报值班员，并做好相关记录。

知识链接

列车收车作业的安全规定

1. **列车入段**

① 列车入段时，必须按车站调车信号机的显示要求和有关规定执行，严格控制列车运行速度，认真确认信号，特殊情况按命令执行。

② 列车驶离车站进入车辆段时，司机必须认真确认车场的入场信号机的显示，确认车场内的进路，以及调车信号机的显示状态。

③ 列车入段运行中，司机禁止驾车越过显示红色灯光的入场信号机与车厂内调车信号。在发现信号机显示红色灯光时，司机要及时采取措施停车，并立即与车场管理部门和信号控制人员联系，等待信号开放或按相关指示执行，必要时由信号楼值班人员手信号接车。

2. **列车入库**

列车入库运行是当日行车操作的最后阶段，在列车入库作业时，司机应注意以下两点要求，并认真执行。

① 列车入库运行至停车库前平交道处10 m应一度停车，确认停车库周围安全情况，确保停车库大门开启良好、安全销定位、库内无异物侵入限界。

② 列车入库速度为5 km/h，在规定的位置停车。司机在驾驶列车接近停车位置时，应严格控制速度，防止意外发生。

3. **列车检修**

列车入库后，通常要进行检修，检修合格后办理移交手续。这个过程中的安全规定如下。

① 列车回库停稳并按规定收车后，如无调动、机洗及其他任务，运转值班员应及时与车辆维修部门办理车辆交接手续。

② 未办理交接手续的列车车辆，未经运转值班员同意，检修部门不得擅自进行检修作业。

③ 正在进行检修作业的列车车辆，未经检修负责人同意，运转值班员不得擅自调动使用。

④ 正在进行检修作业的列车车辆，应在司机控制器上挂上“禁动牌”，防止无关人员擅自动车。

⑤ 列车车辆检修完毕后，检修负责人应及时与运转值班员办理车辆交接手续，将列车车辆移交给车辆运转部门使用。

司机应按以下规定配合检修部门调试车辆。

① 司机在配合检修部门调试车辆时，行车安全防护工作应由检修部门负责，检修负责人指示车辆动车前，应先确认无关工作人员已撤离、止轮器已撤除、股道上无障碍物、股道接触网已送电。

② 司机在配合检修部门调试车辆时，行车安全由司机负责，应严格按信号动车，遇有危险时要及时停车。

③ 司机在配合检修部门调试车辆时，检修负责人应指派检修联系人进入驾驶室内与司机保持联系。司机应严格按照检修联系人的指示操作列车，但检修联系人的指示违反安全规定及危及行车安全时，司机应拒绝执行。

4）列车整备作业

对列车司机来说，整备作业是指在出勤后按技术规定和操作规范对即将投入运营的列车部件、性能进行各种检测、试验，以满足列车良好的运用状态。

车场内列车整备作业主要包括清洗、检修、车辆验收三部分，主要工作内容如下。

① 对列车内外部清洗、打扫；

② 在回库停稳后，运转值班员及时与检修部办理车辆交接手续，检修完毕后办理移交手续；

③ 再次检查、验收，确认车辆符合正线运行的要求。

小贴士： 列车整备阶段进行的检修作业主要有目测检查、升弓试验、制动试验、列车动态试验及其他的操作性能测试等项目，具体要求按“列车司机一次出乘作业标准”的有关要求执行。

知识链接

列车整备作业时的安全规定

① 司机对列车进行各种性能试验和部件检查后，对发现的问题要及时报告运转值班员。运转值班员接受司机的报告后应立即通知相关的检修部门处理，司机要在规定的范围内进行配合，并且对维修后的状况进行验收和试验，确定故障或问题已经排除或解决。根据有关技术规定，列车在发生严重故障可能影响正常行车的情况下，严禁出库投入运营，如ATP故障、通信故障、制动故障、列车重要照明故障、走行部无法确定原因的异常等待。

② 司机对列车进行升弓试验、制动试验、列车动态试验及其他可能危害周围作业人员安全的试验时，应该确认列车前、后、左、右、上、下的状况，确定安全无碍后，才能够进行，防止在试验时造成其他人员及相关设备的伤害与损坏。

③ 司机要加强自我保护和自我防范措施，防止发生工伤事故，在车库内进行作业时，必须禁止以下行为。

- 跳越地沟；
- 紧靠移动中的车辆行走或在移动的车辆前抢越；
- 横跨线路时从停留的车辆下部钻越或从列车顶部翻越；
- 未经登记许可，操作各类电器开关、闸刀；
- 飞乘、飞降，以及未抓稳扶牢即上车；
- 车辆未停稳就开始进行各种抢修、检修工作；
- 横越线路，行走时脚踏道岔尖轨与道岔转动部分；
- 在检修工作场地吊装物件下部停留或行走；
- 在工作时嬉闹，以及抛扔工具、杂物。

知识链接

列车司机退勤的安全规定

列车司机退勤是指司机在完成正线运行任务后，将列车驶回停车库或者将列车交给接班司机继续运行后，离开驾驶岗位到规定的地点办理规定手续的程序。司机退勤有以下要求。

① 回库列车在进库停妥后，司机应全面巡检列车，并且按规定“收车”。

② 列车回库退勤时，司机应将列车运行中发生的异常情况向运转值班员汇报，并将司机报单、列车钥匙交运转值班员存放。

③ 司机应将在运行中发生列车晚点 10 min 以上和运行中发生的事故，以书面材料的形式交运转值班室值班员。

④ 司机在正线运行的途中退勤时，必须向接班司机说明该列车的技术状态、运行状态及其他有必要交接的项目和内容。

⑤ 司机在运行过程中发生的有关运行事件、行车事故等，有关安全职能部门、行车运转管理部门认为有必要令其退勤时，司机应按规定立即退勤，到规定处所报到，并

配合有关部门做好事件（事故）的分析、调查与处理工作。

⑥ 司机退勤工作结束后，应认真总结当日工作情况并听取次日行车工作计划与安全注意事项。

任务 4.5　非正常情况下的行车组织管理

非正常情况下行车组织是相对于正常情况下行车组织而言的，主要是指由于设备故障、火灾、大客流或运行秩序紊乱等原因，不能继续采用正常情况下行车组织方法组织轨道交通行车。

1. 应对故障的行车准备工作

为了应对故障及紧急情况，应编写故障处理程序或设备故障处理指南，在编写各工种手册时应包括以下内容。

① 明确处理原则和处理流程。

② 组织开展维修技能培训，提高设备的检修质量。

③ 组织开展故障处理技能培训，提高故障处理的能力。

④ 组织进行实作演练，检验员工的业务技能和排障程序是否合理。

还应组织编写紧急事件的一级处理预案（公司级）和二级处理预案（部门级），配置必要的救援抢险设备或物品，组织员工培训应急处理预案，并与公安、消防等部门组织联合演练，提高应急处理能力。

2. 特殊情况的处理措施

在正线发生主要行车设备故障及紧急情况下，应充分利用本线车辆段或相邻线路的车辆段，组织客车、工程车或抢险汽车等，支持正线的行车组织，或运送抢险人员、抢修人员及设备、材料赶赴正线支援。

对影响行车组织的常见故障，如联辆故障、信号故障、供电故障、屏蔽门故障等，要根据影响程度和范围的不同而采取相应的应对措施。

① 如发生列车车门故障，应由司机马上前往处理，并视情况采取“切除”车门方式将车门隔离；如发生列车故障不能动车，应先由司机对列车的故障进行处理，如超过一定时间（考虑到对正线其他列车的影响，一般为 3 ~ 5 min）仍不能动车时，由行车调度员决定如何进行列车救援，应利用其他客车将故障车牵引/推进驶离正线。

② 城市轨道交通如发生中央级信号系统故障，系统可降级至站级控制，但行车调度员、司机、车站应采取人工方式控制行车间隔，并注意检查降级模式是否运行正常，直至故障消

除为止。如发生站级功能故障，如联锁功能故障等，需要启动应急处理方案，列车以人工方式办理区间闭塞，只能采取人工驾驶方式运行（列车与列车之间的安全保护由人工负责）。

思考与实训4

思考题

思考并回答以下问题：

① 简述城市轨道交通行车组织的特点。

② 行车组织工作的原则是什么？

③ 制定行车计划需要考虑哪些因素？

④ 从列车运行图上可以看出哪些信息？

⑤ 为什么说列车运行图是运行组织的一个综合性计划？

⑥ 为什么说列车运行图是行车组织的基础？

⑦ 列车自动控制系统有什么作用？简述它是如何实现行车指挥自动化的。

⑧ 行车组织工作由哪些岗位的人员完成？采用几级管理模式？如何管理？

⑨ 谁是调度区段的最高负责人？其职责是什么？

⑩ 运营线、车站、车辆段、列车的行车工作分别由谁进行指挥？

⑪ 车辆段有几个与行车组织相关的工作岗位？分别负责哪些工作？

⑫ 简述车场列车运转作业流程及各阶段的注意要点。

实训任务

任务1　组织同学分角色扮演行车调度员、值班站长、行车值班员、站务员，模拟演练正常情况下的车站行车组织工作。

任务2　组织同学分角色扮演车场调度员、信号楼值班员、派班员、司机，模拟演练正常情况下的一个完整的车辆段列车运转流程。

项目 5

城市轨道交通乘务组织管理

项目导学

本项目中，首先介绍城市轨道交通乘务组织管理的基本概念、原则和相关要求，然后介绍乘务组织管理的工作内容、乘务部门设置、乘务人员配置与排班等内容，最后介绍城市轨道交通乘务管理设备设施的配置要求。

教学目标

（1）了解城市轨道交通乘务组织的定义。

（2）掌握城市轨道交通乘务组织管理的原则和要求。

（3）熟悉乘务组织管理的工作内容。

（4）了解乘务部门设置和人员配置及排班要求。

（5）熟悉乘务管理设备设施的配置要求。

建议学时

6 学时

任务5.1　了解城市轨道交通乘务组织的概念和内涵

在城市轨道交通运营中，乘务组织是城市轨道交通运营部门所面临的既具体又关键的问题之一。合理的乘务排班组织，对于减少运营中乘务费用支出、提高运营效益，有着极其重要的意义。

1. 熟悉乘务部门的工作职责

城市轨道交通的乘务组织工作由乘务部门负责，乘务部门的工作职责如下。

① 负责城市轨道交通运营线路的客车运作、工程车运作、车厂运作管理工作。

② 按运营时刻表的要求驾驶客车，为乘客提供安全、准点的优质服务。

③ 负责客车故障时的应急处理。

④ 按维修、维护、施工行车计划开行工程运输列车、维修列车，为维修部门提供服务，并按车场运作要求，监督协调车场内的施工、维修工作，并组织处理车场内所发生的各种故障、事件。

2. 了解列车司机的工作职责

城市轨道交通乘务部门的关键岗位是列车司机，也称为乘务员、驾驶员。列车司机处于城市轨道交通运营的第一线，肩负着行车安全的主要责任，其主要职责是负责列车的运行工作，依据列车运行计划，根据行车调度员的指示、命令完成列车驾驶，并使列车在各车站完成乘客乘降作业。列车司机的主要职责如下。

① 城市轨道交通列车的驾驶（见图5－1）。

② 行车应急故障处理。

图5－1　列车司机工作场景

小贴士：部分城市轨道交通运营企业的列车司机还担当列车在检查、维修、调试等过程中的列车操纵作业。

列车司机必须牢记“安全第一，便民第一”的宗旨，遵守和学习有关的安全规定和运行规则，严格按照安全制度、行车规则执行乘务驾驶任务。

知识链接

列车司机的从业条件

鉴于列车司机在整个运行过程中的重要作用，城市轨道交通管理部门往往会规定列车司机上岗值乘的必要条件，具体如下。

① 列车司机必须经过考试合格，并取得“列车驾驶证”后方准独立驾驶列车。

② 脱离驾驶岗位 6 个月以上，如再需驾驶列车，则必须对业务知识和安全运行知识等进行再培训，考核合格才能上岗。

③ 对列车司机的纪律性和身体状况、心理状况要有相关管理部门及有关领导做出鉴定，符合条件才能够上岗驾驶列车，以保证行车安全和秩序正常。

④ 列车司机必须掌握列车的基本构造、性能，具有一般的故障处理能力，熟悉运行线路和停车场等基本设施情况，熟悉驾驶区段、停车场线路纵断面情况。

⑤ 列车司机必须掌握其他相关的业务能力和具有一定的应变能力，如了解救援的过程和方法、了解消防灭火的要求、掌握扑灭初起火灾的方法、知道常用灭火器的使用方法等。

3. 熟悉城市轨道交通的乘务方式

城市轨道交通的乘务方式有轮乘制和包乘制两种。

1）轮乘制

轮乘制是指列车的值乘司机不固定，由各个司机轮流值乘。采用轮乘制后，有利于合理安排司机作息时间，以较少的司机完成乘客输送任务。但司机对车辆性能、状态的熟悉程度和对车辆保养的责任心，可能不如包乘制。为此，需要通过建立制度、加强教育、明确司机的职责来提高车辆保养质量。

2）包乘制

包乘制是指列车的值乘司机固定，由若干名司机包乘。采用包乘制，便于司机掌握车辆性能、状态，有利于增强司机对列车保养的的责任，但采用包乘制时，司机劳动生产率较低，对车辆运用计划的编制要求较高，而且夜班司机下班不便。

小贴士：值乘方式的选择和制定不仅要与实际运营相结合，而且还要有一定的科学依据作保障。值乘方式选择的基本要求是：在保证行车安全的前提下，做到人员精简高效，费用最省。目前，我国大多数城市轨道交通线路采用轮乘制，这既有提高劳动生产率的考虑，也有车辆可靠性不断提高的因素。

3）司机配备

司机配备数与列车上值乘司机数、折返站替换休息司机总数、轮班循环天数及司机备用系数有关。一般来说，包乘制比轮乘制增加定员20%左右。

小贴士：在乘务管理方面，合理选择乘务方式，优化配备驾驶员，对提高乘务管理水平和企业经济效益具有显著意义。

任务5.2　熟悉乘务组织管理原则和要求

乘务组织管理的目的是确保客车、工程车、车场运作的安全、有序，确保运输计划的顺利完成。乘务组织管理的原则是：按“安全第一，预防为主”的安全生产方针，管理乘务队伍。乘务组织管理的基本要求如下。

① 通过完善、统一和优化作业程序来确保作业的规范化。

② 通过运作流程来精简人员配置，节省人力成本。

③ 通过加强培训和演练来提高员工的业务水平和应急应变能力。

④ 通过加强安全教育来提高员工安全意识和责任心。

⑤ 通过加强检查和督导来确保员工作业的标准化。

知识链接

乘务工作纪律

乘务工作是一项严肃的工作，关系到城市轨道交通的运营安全和乘客的出行安全，所以城市轨道交通运营企业一般都会制定比较严肃的乘务工作纪律。虽然不同企业的乘务工作纪律内容略有不同，但都会涉及以下主要内容。

① 司机在执行手指呼唤时，必须做到“眼到、手到、口到、心到”，呼唤时应使用普通话，做到声音清晰、洪亮；手指时，手心应垂直于地面。

② 司机工作禁令如下：

- 严禁在接受口头命令时，未按规定进行复诵；
- 严禁擅自改变列车运行方式；
- 严禁人车冲突后在未确认人员状况的情况下再次动车；
- 严禁在挤岔后未经专业人员确认的情况下再次动车；
- 严禁在列车压警冲标、冒进信号时不及时报告行车调度员；
- 严禁夹人、夹物动车，或车门未关闭且未采取有效措施时动车；
- 严禁擅自通过按规定应停车的车站，严禁擅自在规定应通过的车站停车；
- 严禁在非涉及行车事宜时使用手机；
- 严禁在运营线路抛弃杂物。

③ 司机需要请假时，应提前 3 天向班组长请假并办理请假手续；因病需要请假者，应提前 1 天向班组长请假并办理请假手续；未经批准不得擅自休假。如遇特殊情况，应提前 1 小时向班组长请假。

④ 司机在值乘过程中，如遇列车 5 min 以上晚点、列车救援、信号设备故障、人车冲突、异物侵入线路、行车事故、重大服务投诉事件、班组或上级部门认为有必要书面澄清的事件时，退勤司机应填写书面报告，并积极配合相关部门的调查。

⑤ 在停车库内，司机上车前，应对列车车底及两侧进行检查，以防止人员及设备侵入限界，当驾驶室挂有“禁动牌”时，严禁启动列车。

任务 5.3　了解乘务组织工作内容

乘务组织工作包括车场运作、客车运作和工程车运作 3 部分。

1. 车场运作的主要工作任务

车场运作的主要任务如下。

① 按运营时刻表和工程维修计划的要求提供足够的、合格的客运列车和工程列车。
② 准点组织列车出入车场，并及时为正线故障列车更换提供保障。
③ 组织调车和转线作业。
④ 协调组织车场内客车、工程车和设备日常检查、清洗、维修、调试计划的实施。
⑤ 组织车场内的事故、事件处理。

2. 客车运作的主要工作任务

客车运作的主要工作任务如下。
① 按运营时刻表和规章的要求，安全、准点驾驶客车出入车场及在正线为乘客服务。
② 及时、有效地处理各种故障和突发事件，尽快恢复列车运营。

3. 工程车运作的主要工作任务

工程车运作的主要工作任务如下。
① 根据维修施工行车计划，开行满足车场、正线设备维护需要的工程车，配合作业。
② 负责车场内计划检修或临时故障客车的转线、调车任务。
③ 随时做好车场、正线发生突发事件时对应急抢险的准备。

任务5.4　乘务部门设置

乘务管理可按“一线一部门”的管理模式进行（每条线路设置一个乘务部门）。乘务与车务系统宜采取归一管理。乘务部门的组织架构见图5－2。

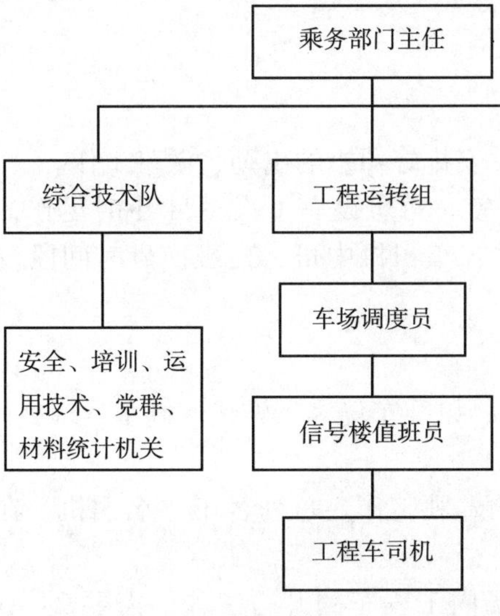

图5－2　乘务部门组织架构

乘务部门主任为所负责线路的乘务组织工作全面负责，领导并协调综合技术队、工程运转组、客车队及相关部门做好乘务工作。主要乘务岗位的工作职责介绍如下。

1. 车场调度员

车场调度员的主要职责如下。

① 统一指挥车辆段内的行车组织工作。

② 全面负责组织实施客运、机车车辆转轨和去送作业。

③ 组织实施调试作业、列车出入车辆段作业车场。

④ 合理科学地调配人员、机车车辆。

⑤ 协调安排车辆段内行车设备、消防设备及库房设备的检修和维护。

车场调度员工作地点在车场控制指挥中心，可与检修调度员合署办公，每班 1 人，该岗位需要 24 小时运作。

2. 信号楼值班员

信号楼值班员的主要职责如下。

① 接收车场调度员的接发列车、调车作业计划。

② 负责车辆段内行车指挥、进路排列和列车接发工作。

③ 操控微机设备，实现微机联锁设备的功能。

信号楼值班员的工作地点在车场微机联锁控制室，每班设 2 人，一人负责操作设备，另一人负责监控，并负责接收计划、命令，负责与司机联控。信号楼值班员岗位需要 24 小时运作。

3. 派班员

派班员的主要职责如下。

① 安排司机出勤、退勤。

② 编制、实施司机的排班计划。

③ 遇突发事件时及时调整交路，安排好司机的出勤、派班工作。

派班员的工作地点是车场的派班室，每班设有 1 人，24 小时运作，负责办理乘务员的出勤、退勤工作和人员的安排；正线客车司机中班、夜班换班时间段设 1 人，负责司机出勤、退勤工作。

4. 司机

司机包括客车司机、工程车司机，以及车场客车转线、调车、调试司机 3 种，各岗位的配置如下。

① 客车司机：该岗位负责客车的驾驶工作，每列客车 1 名司机。在信号功能不具备的情况下，建议每列客车 2 名司机。

② 工程车司机：该岗位负责车场内工程车的开行工作，需要 24 小时运作，每班 2 人（司机、调车员各 1 人），夜班可根据行车计划开行列车的需求增加人手，按每列工程车 2

人安排。

③ 车场客车转线、调车、调试司机：该岗位承担着车场内的客车转线、调车及调试工作，需要24小时运作，每班1人。

任务5.5 客车乘务运作组织管理

1. 列车出场前司机的工作

列车出场前，司机的工作内容如下。

① 须准点到派班室出勤，领取行车备品，了解作业计划和安全注意事项。

② 到车场调度借钥匙，了解列车状况和存放股道。

③ 前往列车停放地点，联系信号楼值班员，按“客车司机手册”要求检查列车。

④ 确认列车达到技术要求后，联系信号楼值班员，按“运营时刻表”准时出场。

2. 正线区间运行时司机的工作

正线区间运行时，司机的主要工作如下。

① 负责监控列车运行，瞭望线路，必要时人工介入。

② 发生故障或意外情况时，及时报告并按程序及时处理，尽快恢复运营。

③ 列车到站时开车门、屏蔽门，确认乘客上下车，根据“运营时刻表”要求到点关门，确认车门、屏蔽门关好，无夹人夹物，确认空隙安全、信号开放后开车出站。

3. 列车折返作业中司机的工作

折返操作分站前折返和站后折返两种。

1）站前折返

站前折返作业操作步骤如下。

① 列车到达站台停稳后，司机确认车门/屏蔽门打开，按要求操作折返按钮，与接车司机进行交接，关司机台钥匙，离开列车。

② 接车司机进入另一端司机室，交接后开司机台钥匙，投入运营服务。

2）站后折返

站后折返作业操作步骤如下。

① 列车到达站台停稳后，司机开门清客，与接车司机进行交接。

② 清客、交接完毕后关门，按要求操作折返按钮，关司机台钥匙，离开列车。

③ 接车司机进入另一端司机室，与到达司机交接。

④ 列车折返至站台后，开司机台钥匙、开门，投入运营服务。

⑤ 运营时间内，中班和夜班须直接到正线出勤接车，下班司机须直接在正线退勤，归

还行车备品。

任务5.6 乘务人员配置与排班

乘务排班问题是乘务组织管理的核心问题，也是各种运输方式都必须面临的重要问题，根据国外统计资料，航空运输及城市交通领域，乘务员使用费用在直接的生产费用中占据第二的地位。因此，合理的排班对于减少运营中乘务费用支出、提高运营效益有着极其重要的意义。

1. 乘务排班的值乘方式

乘务排班的值乘方式如下。

① 司机完成一个单程后到终点站，应安排休息 5~15 min，可考虑一端休息时间多一点，另一端休息时间少一点。

② 采用轮乘制时，应根据行车间隔安排适当的折返。

③ 司机连续工作时间一般控制在6~8 h，即一天运营分早、中、夜三个班。

2. 乘务员的工作时长

① 乘务员每月劳动工时不应超过法定时间。

② 乘务员的劳动时间利用率不低于90%（月工作时间不低于法定时间的90%）。

③ 应根据执行时刻表编制列车乘务员值乘交路表，每条交路工作时间（含附加时间）不超过8 h。

3. 乘务人员编制原则

乘务人员编制原则如下：根据行车间隔、用车数量、运营服务时间、行车周期等相对稳定的行车相关因素，在工作量满负荷、不浪费人力资源的前提下，以有效提高列车驾驶安全性及服务水平为目标，制订乘务人员编制计划。

4. 客车司机人员配置要求

正线司机交路采用循环轮乘制时，正线所需列车司机数可按下式进行计算：

$$N_z = [(\sum T_{an} + \sum T_{bn}) \times N_{jb}/T] \times (1 + 10\%)$$

式中：

N_z——正线所需列车司机数；

T_{an}——按时刻表每列车在线工作时间；

T_{bn}——按时刻表每列车在线工作司机附加工作时间，包括列车在场内整备检查时间、出勤时间、退勤时间、车场洗车时间、正线中晚吃饭时间、正线班次轮换交接时间及某折返站配置看守值班的待令时间等；

N_{jb}——每列车需要配置的司机数，即每机班司机人数；

T——每人每天工作时间，结合乘务运作的特殊性，采用综合计算工时制计算；

10%——备员率。

即：

所需司机人数 =［（实际每列车在线工作时间 + 每列车在线工作司机附加工作时间）× 每机班司机人数/每人每天工作时间］×（1 + 备员率）

5. 车场客车调车司机人数要求

车场客车调车司机人数可按下式计算：

$$N_c = (J_{Bc} \times N_{jb} \times T_c / T) \times (1 + 10\%)$$

式中：

N_c——调车司机人数；

J_{Bc}——调车班列车机班数；

N_{jb}——每机班司机人数；

T_c——车场调车班工作时间；

T——每人每天工作时间；

10%——备员率。

即：

调车司机人数 =（调车班列车机班数 × 每机班司机人数 × 车场调车班工作时间/每人每天工作时间）×（1 + 备员率）

6. 工程车队人员编制

工程车队人员编制按下式计算：

$$N_{cd} = N_{Bc} + N_{dz}$$

式中：

N_{cd}——工程车队人数；

N_{Bc}——工程车司机人数，为正班司机人数与加班司机人数之和；

N_{dz}——工程车队长人数。

即：

工程车队人数 = 工程车司机人数 + 工程车队长人数

任务 5.7　乘务管理设备设施的配置要求

乘务管理设备设施的配置要求如下：

① 车场派班室的设置应邻近车场停车库和车场控制中心，便于办理乘务员出勤、退勤

作业，减少司机附加劳动时间；派班室建筑面积一般不小于30 m^2。

② 派班室内必须配置的主要设备包括行车调度电话、内线公务电话、外线公务电话、计算机（可上内部网络，用于输入正线乘务员运作情况及相关运营数据）、与控制中心同步的时钟（要求显示至秒的精确度）、打印机（可自动传输、打印行车调度命令）。

③ 正线派班室的设置应满足以下要求：在线路的终点站，如线路单程行车时间超过40 min，应考虑两端都设置派班室，以便尽快完成换班作业；派班室面积应不小于20 m^2，配备必要的通信、办公和司机更衣等设备。

④ 每条线路的两端车站应设置乘务员休息室，位置应设置在到达列车站台头端非公共区，面积应在10 m^2 左右，配备必要桌椅和饮水设备，条件允许时应在附近设置洗手间以方便司机。

⑤ 车场调度室和信号楼值班室主要配置的行车设备应包括行车调度电话、维修调度电话、电调电话、站间行车电话、列车无线调度台、内线公务电话、外线公务电话、传真机电话、TAS－MMI 工作站（作为监视正线列车运行情况用）、计算机（可上内部网络，用于输入正线乘务员运作情况及相关运营数据）、与控制中心同步的时钟（要求显示至秒的精确度）、打印机（可自动传输、打印行车调度命令），所有通信工具建议考虑录音功能。

⑥ 早上出勤司机必须在车场候班，夜班下班司机一般应在车场过夜，所以车场必须建司机公寓，配备足够的床位以满足司机候班和借宿的需要，公寓每个房间最多不应超过三张床。

思考与实训 5

思考题

思考并回答以下问题：

（1）乘务部门的工作职责是什么？

（2）列车司机的主要职责是什么？

（3）为什么说列车司机是乘务工作的核心岗位？

（4）城市轨道交通的乘务方式有哪两种？各有什么特点？

（5）应该如何选择合适的乘务方式？

（6）乘务组织管理原则是什么？

（7）乘务组织工作车场运作的主要任务是什么？

（8）乘务组织工作客车运作的主要任务是什么？

（9）乘务组织工作工程车运作的主要任务是什么？

（10）为完成乘务组织工作，需要设置几个工作岗位？各岗位的工作职责是什么？

(11) 简述列车出厂前司机要做的主要工作。

(12) 正线运营期间，司机主要负责什么工作？

(13) 如何组织列车折返工作？

(14) 为什么说乘务排班工作非常重要？

(15) 乘务管理设备设施有哪些？对它们有什么要求？

实训任务

任务1 组织学生分角色扮演司机、车场调度员、派班员和信号楼值班员，根据岗位职责模拟演练列车出场、正线运营、折返作业的全过程。

项目 6

城市轨道交通票务组织管理

项目导学

本项目中，首先介绍城市轨道交通票务组织管理工作的基本概念和内涵，然后介绍票制和票价的制定原则、城市轨道交通系统的车票、车票管理、票务作业等内容，最后介绍票务台账及车站票款结算等内容。

教学目标

（1）熟悉城市轨道交通乘务组织的定义。

（2）了解城市轨道交通票制、票价的制定原则。

（3）了解车票在城市轨道交通运营企业内的整体运转流程。

（4）掌握票务组织工作对自动售检票系统的功能要求。

（5）熟悉值班站长、客运值班员、票务员、站务员在票务作业中的岗位职责。

（6）熟悉票务作业程序。

（7）了解城市轨道交通的票务台账。

（8）了解城市轨道交通的现金管理制度。

建议学时

6 学时

任务6.1　认识票务组织管理工作

城市轨道交通的票务组织管理工作主要包括票务策略制定、清分与收入对账、车票管理、票务作业管理、现金管理、票务台账及车站票款结算管理等内容。

根据售检票模式，票务组织管理工作可分为以下两类：

① 人工售检票；

② 自动售检票系统售检票。

目前，我国城市轨道交通基本上以自动售检票系统售检票为主，人工售检票为辅。

城市轨道交通票务组织管理工作应与城市轨道交通运营企业所需发挥的快速、便捷、大客流输导作用相匹配，并紧密围绕确保票务收益安全、票务运作顺畅、高效的目标。

知识链接

自动售检票系统

自动售检票系统是基于计算机、通信、网络、自动控制等技术，实现城市轨道交通售票、检票、计费、收费、统计、清分、管理等全过程的系统，英文名称是 automatic fare collection，简称 AFC。

AFC 系统按结构可以划分为 5 个层次：车票，车站终端设备，车站计算机系统，线路中央计算机系统，清分系统。各层次的功能如下。

① 车票是乘客所持的车费支付媒介。

② 车站终端设备安装在各车站的站厅，直接为乘客提供售检票服务。

③ 车站计算机系统（SC）。其主要功能是对车站终端设备进行状态监控、收集本站产生的交易和审计数据。

④ 线路中央计算机系统（LC）。其主要功能是收集本线路 AFC 系统产生的交易和审计数据，并将此数据传送给城市轨道交通清分系统，并与其进行对账，对本线路的车票票务管理、运营管理及系统进行维护。

⑤ 清分系统（ACC）。其主要功能是统一城市轨道交通 AFC 系统内部的各种运行参数，收集城市轨道交通 AFC 系统产生的交易和审计数据并进行数据清分和对账，负责连接城市轨道交通 AFC 系统和城市一卡通清分系统，进行车票管理、票务管理、运营管理和系统维护管理。

任务 6.2 了解票制、票价制定原则

城市轨道交通运营企业采用的票制可分为以下三种：

① 单一票价；

② 按区间分段计价；

③ 按里程分段计价。

基于距离的票价结构的票价增幅可按等距增加，也可随距离的增加而逐步减小，部分可设置封顶票价。

城市轨道交通企业应根据各票制的特点，充分考虑企业及当地实际情况，如线网规模、出行特性、客流特点、站间距设置、目标市场等，选择并制定合理的票制，从而能够较为合理地反映乘客、企业、政府的需求，充分发挥城市轨道交通快速、便捷、大运量的作用。

知识链接

国内外主要城市的城市轨道交通票价

东京：采用分段计价方式，起步价 170 日元（约 9.55 元人民币），310 日元封顶。起步为 1~6 km，7~11 km 涨至 200 日元，12~19 km 为 240 日元，20~27 km 为 280 日元，28~40 km 为 310 日元。东京地铁车票种类繁多，包括 IC 卡、儿童票、次数卡、月票、团体票和单日票等。东京地铁出行族的人均月交通开支应该在 1 万日元左右，约占月收入的 2%。

首尔：基本费用为 1 050 韩元（约合人民币 6.06 元）。首尔地铁始运于 1974 年，当时的基本费用仅为 30 韩元。到 1994 年，平均 1~2 年涨价一次，涨价幅度较小。1995—2007 年，每 1~3 年涨价一次，每次涨价 100 韩元。最后一次涨价为 2012 年 2 月，据上一次涨价的 2007 年相差 5 年。

新加坡：票价根据乘车路程计算，费用换算成人民币为 4~15 元。同样车程，车票种类不同，价格也会不同。标准车票，每张标准车票自购买日起 30 天内，可充值使用六次，第三次使用时会自动退回押金，第六次使用时再额外加送新币 10 分。同样车程，标准车票的价格要比易通卡贵。易通卡费用为新币 12 元（储值金 7 元，不可退卡费 5 元）。新加坡还专门为游客设计了通行卡，分为一日券（新币 10 元）、二日券（新币 16 元）和三日券（新币 20 元）。

纽约：在纽约乘坐地铁和公共汽车，不论远近，票价均为 2 美元。乘客购买普通卡

可享受20%的优惠，“买5送1”或“买10送2”，即10美元卡可乘地铁6次，20美元卡则可乘地铁12次。纽约地铁对老人、孩子和残疾人有特殊的照顾，中小学生可免费申领学生卡，学生卡仅在周一至周五规定时间内有效，且限定乘车次数。若综合考虑各种优惠，平均票价仅1.27美元。

伦敦：实行分段收费，按行驶区域进行划分，跨区越多收费越多。伦敦从最中心到外围依次分为9个区，车票起步价为4.5英镑，按不同跨区线路的收费标准超过60个，比如1区到3区之间票价均为4.5英镑，2区到5区票价为5.5英镑，1区到9区票价则为7.8英镑。

北京：按里程分段计价。6 km（含）内3元；6~12 km（含）4元；12~22 km（含）5元；22~32 km（含）6元；32 km以上部分，每增加1元可乘坐20 km。

上海：按里程计价。起步价3元，起步距离6 km，此后每增加10 km增加1元。乘客在2 h内乘公交换乘地铁或地铁之间换乘可优惠1元/次，且每月满70元后打9折，次月重新开始计算。

天津：按里程分段计价，起步价为2元，可乘坐5站（含5站）。乘坐5站以上10站以下（含10站）票价3元；乘坐10站以上16站以下（含16站）票价4元；乘坐16站以上票价5元；乘客在1、2、3号线及9号线市区段乘车时，最高票价为5元。

广州：按里程分段计价。里程分段计价办法为：起步4 km以内2元；4~12 km范围内每递增4 km加1元；12~24 km范围内每递增6 km加1元；24 km以后，每递增8 km加1元。

苏州：起步价2元，可乘坐6 km，6 km以上部分，6~16 km每1元可乘坐5 km，16~30 km每1元可乘坐7 km，30 km以上每1元可乘坐9 km。

南京：南京地铁计价采用分段计费方式，8站内2元，9~12站3元，13站以上一律4元。

成都：采用区间计价的方式。起步价2元可乘坐6个区间，乘车距离超过6个区间采用递远递减的方式计价，即3元可乘坐10个区间，4元可乘坐16个区间，5元可乘坐24个区间。

任务6.3　认识城市轨道交通系统的车票

1. 车票的种类

早期人工售票时代，车票的材质是纸质的，图6－1所示的北京地铁早期纸质车票就是一个典型代表。

图 6－1　纸质车票

目前，城市轨道交通 AFC 系统路网内发行和使用的车票共分为两大类，一类为“一票通”车票；另一类为“一卡通”车票。

①“一票通”车票包括单程票、出站票、福利票、定值纪念票、车站工作票及其他预留票种，图 6－2 所示分别为广州地铁和南京地铁的一票通车票。

图 6－2　“一票通”车票

②“一卡通”车票包括非记名成人卡、纪念卡、员工卡及其他预留票种。图 6－3 所示为北京地铁市政交通的一卡通车票。

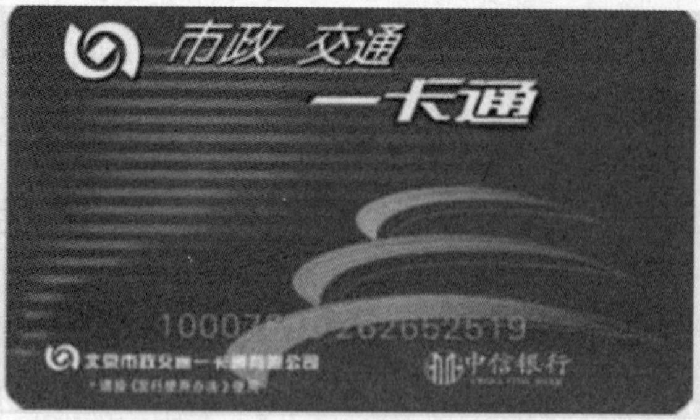

图 6－3　“一卡通”车票

现行各类车票的具体介绍如表6－1所示。

表6－1　现行各类车票具体介绍

<table>
<tr><th>类别</th><th>票种</th><th>介质</th><th>提供商</th><th>使用方法</th><th>车票使用规定</th></tr>
<tr><td rowspan="5">『一票通』车票</td><td>单程票</td><td rowspan="7">非接触式IC卡</td><td rowspan="5">ACC</td><td rowspan="2">进站刷卡，出站回收</td><td>一名乘客本站当日一次乘车有效</td></tr>
<tr><td>福利票</td><td>符合免费乘车条件的乘客一人一次乘车有效</td></tr>
<tr><td>出站票</td><td>出站回收</td><td>只能用于一名乘客出站一次</td></tr>
<tr><td>定值纪念票</td><td>进站刷卡、出站经回收口扣费后原处退还给乘客</td><td>根据ACC业务规则，在发行时限定使用次数，且每次一人使用有效</td></tr>
<tr><td>车站工作票</td><td>进、出站均刷卡</td><td>只在本站有效，不计进出站次数</td></tr>
<tr><td rowspan="2">『一卡通』车票</td><td>储值票</td><td rowspan="2">一卡通公司</td><td rowspan="2">进、出站均刷卡</td><td>①可反复储值使用，每次一人使用有效
②异形卡的使用方法相同，以一卡通公司提供的样式为准</td></tr>
<tr><td>员工卡</td><td>只限系统内部员工使用，每次扣除次数一次</td></tr>
<tr><td>应急纸票</td><td>单程票</td><td>纸质车票</td><td>运营商</td><td>进站人工检票、出站无须验票</td><td>满足启用条件时使用，一经启用须次日首车方可恢复AFC模式</td></tr>
</table>

2. 车票的有效期

除另有规定的情况外，各类车票的有效期如表6－2所示。

表6－2　各类车票的有效期

票种	有效期
单程票	发售时起至当天运营结束时止
福利票	发售时起至当天运营结束时止
出站票	发售时起至系统软件规定时间内止
定值纪念票	规定时间内
一卡通储值票	6年

3. 车票的使用范围

各类车票的使用范围如下。

① 单程票在路网内车票发售站进站，在票价有效范围内出站时使用。

② 福利票在路网内车票换发站进站，在有效区段内任一车站出站时使用。

③ 出站票在路网内车票发售站出站时使用。

④ 定值纪念票可以在规定时间内，在城市轨道交通路网内各车站进出站时使用；同时，

根据ACC业务规定，定值纪念票可以在路网各车站享受一次尾程优惠，即定值纪念票内车费余额不足时，允许乘客正常出站。

⑤ 一卡通公司发行的一卡通储值票，除了可以在城市轨道交通路网内各车站进出站使用外，还可以在一卡通公司规定的范围及线路中使用。

任务6.4 车票管理

子任务6.4.1 车票整体管理

车票整体管理指的是对车票采购、制作及其在系统内的配送/回收、流通过程进行的管理，包括以下4个环节。

1. 车票采购

车票采购计划总量应以满足运营需要、节约运营成本为宗旨，应根据客流现状及增长趋势，结合车票的结存、流失、报废数据，同时综合考虑车票的采购周期、制票设备的运作情况等因素综合确定。

2. 车票制作

人工售检票阶段，车票宜以单程纸票为主，选择供应商印制；自动售检票阶段，车票经AFC设备编录信息后配送到车站出售，不成功的车票作为废票处理，单程票可循环使用。

3. 车票的配送/回收

制票部门应制定车票配送/回收计划，并根据计划将车票配送到指定车站，同时将车站设备产生的废票、可循环使用的车票、与结算相关的车票进行回收。

4. 车票的流通

车票在城市轨道交通系统内部的流通，涉及以下多个部门。

① AFC管理中心。AFC管理中心主要负责车票采购计划的制订、制作，以及车票在不同线路间的流通管理。

② 车站管理部门。车站管理部门主要负责车票在自动售票机和人工售票窗口的发售，并根据车票的流通规律负责车票在同一条线内不同车站间的流通管理。

③ 配送部门。配送部门是车票的运作部门，根据车站管理部门和制票中心提交的车票配送/回收需求制订配票计划；根据配票计划将车票配送到指定车站；将车站设备产生的废票及可循环使用的车票统一回收送制票中心处理。

车票流通过程如图6-4所示。

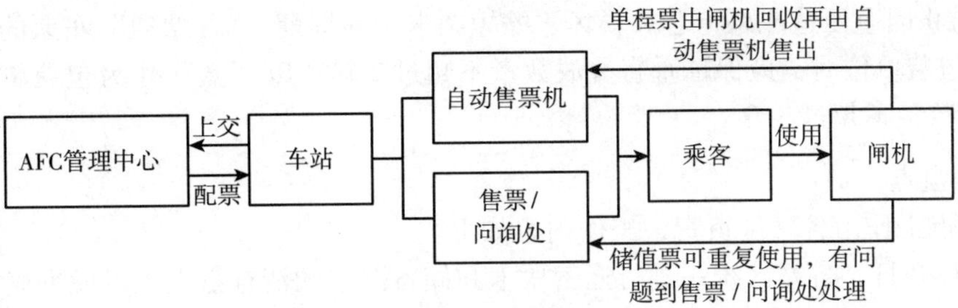

图6-4 车票流通过程

子任务6.4.2 票卡库存管理

票卡的库存管理包括库存分级、库存监控、库存存放及库存盘点等几项工作。

1. 库存分级

①“一票通”车票。设指挥中心、票务中心、车站三级票卡库存。三级票卡库存的总量为全线单程票最高日售票量的5倍。其中，指挥中心保有1倍，AFC指挥中心保有1倍，全线各车站保有3倍。

②“一卡通”车票。站区、车站两级库存。站区库存由站区事务员负责，主管票务的站区领导负责监督检查；车站库存由车站客运值班员负责，站区事务员负责监督检查。

2. 库存监控

库存监控工作由专业职能部门和各站区负责。

① 专业职能部门负责指导、检查所辖线路各车站的车票库存管理工作，帮助各站区采用申领、调配、下发等手段确保“一卡通”车票的保有量能够满足运营需求、“一票通”车票的库存量符合规定的安全阈值。

② 各站区必须密切监视运营票卡和储备票卡的库存水平，实时掌握票卡数量的动态变化信息，并根据所辖各车站的票卡库存水平，适时发起站区内部调配以满足运营需要。各站区还应指定专人负责所辖各站的票卡库存数量的统计分析，发现账物不符情况应及时查明原因并上报营销部进行核查。

3. 库存存放

库存存放管理措施如下。

① 各车站的储备票卡必须按规定存放于车站AFC票务室（或储票室）。

② 各车站的AFC票务室（或储票室）必须加装防盗门（窗）、远红外报警器、视频监视系统等安保监控设施，人走必须按规定设防，以确保票、款安全。

③ 票卡必须放入储票柜、票卡箱或专用的容器进行集中保管，禁止单张散放。

④ 储票柜内的票卡码放应按介质种类、票种、票值、批次进行分类，有序码放，禁止混乱堆叠。

⑤ 为防止因重压造成票卡芯片损坏、缩短票卡生命周期，“一票通”车票的库存票卡以“箱”作为包装单位时，应保证垂直叠放数量不超过 2 箱；以“盒”作为包装单位时，应保证垂直叠放数量不超过 3 盒。

4. 库存盘点

库存盘点工作由各站区负责，工作内容如下。

① 每月 20 日，各站区统一进行运营票卡和储备票卡的清查盘点，以便准确掌握本单位票卡库存总量，确保本单位的车票保有量能够持续满足运营要求。

② 每月 21 日，以站区为单位将单程票盘点结果书面报上级主管部门。

子任务 6.4.3　车票的调配

1. 票卡的保有量

为满足运营需要，确保售票、发卡工作不间断，各车站必须拥有一定的票卡保有总量，并随时监控票卡总量的变化，根据变化适时启动票卡调配工作。

①“一票通”车票保有量为本站单程票最高日售票量的 3 倍，同时兼顾车站售票类设备的总量，以提高终端设备服务率；“一卡通”车票保有量为本站日发卡量的 14 倍。

② 车站“一票通”车票库存量的安全阈值为车站单程票库存基数（“一票通”车票保有量）的 ±20%，即当车站票卡库存量大于基数的 20% 时，涨出部分应当上缴；而当车站票卡库存量小于基数的 20% 时，不足部分应及时予以补充。

③ 为确保车站票卡库存量达到安全库存阈值范围，公司所属各单位必须在实时掌握车站票卡库存变化信息的基础上，及时启动票卡调配工作。

2. 调配要求

进行车票调配作业时，必须满足以下要求。

① 在进行票卡调配作业时，必须使用公司配发的专门容器。同时，配送人员在进行票卡配送途中，严禁办理私事或与票务无关的业务。

② 出入库的双方均须对票卡进行认真清点，并如实在系统的“库存管理”中进行登记。

③ 如在车票配送、接收的过程中发生车票损坏、遗失或数量不符的情况，应由双方当事人签名确认，同时根据情况分别报营销部和安质部。

④ 车票调配共分为三个等级，当出现票卡流向不均衡的状况时，应由低到高依次启动票卡调配工作：

- 在站区内部各车站间进行的票卡调配称为一级调配，一级调配由各站区自行组织，车票的调配数量必须经过车票库存管理系统，并做好台账登记；
- 当“一级调配”不能达到安全阈值范围时，站区应及时向票务中心提出申请，由票务中心负责发起票卡的“二级调配”，在所辖线路内各站区之间进行票卡调配；
- “二级调配”后，若车票保有量仍不均衡，则由票务中心负责发起票卡的“三级调配”，与非管辖线路所属单位进行票卡调配。

小贴士：如启动票卡的“三级调配”工作后，仍然不能彻底解决票卡流向不均衡状况或出现票务中心的票卡库存低于安全库存阈值的情况，由票务中心负责向ACC申请领用新票。

3. 调配流程

“一卡通”车票的调配，由公司票务管理部门根据所辖线路内车票使用情况及保有量，向一卡通公司提出配票申请。

“一票通”车票的调配流程如下。

① 车站AFC综合作业岗根据本站票卡实际使用情况、本站库存保有量，向所属站区提出票卡申领计划。

② 站区汇总后根据所辖各车站的实际库存情况组织“一级调配”，如“一级调配”后仍有车站不能达到安全阈值，站区事务员书面向票务中心提出票卡申领计划。

③ 票务中心经过整理汇总后，根据各线路的实际库存情况组织发起票卡的“二级调配”或“三级调配”，如进行“三级调配”后仍不能达到安全阈值，票务中心书面向营销部提出票卡申领计划。

“一票通”车票的调配流程如图6-5所示。

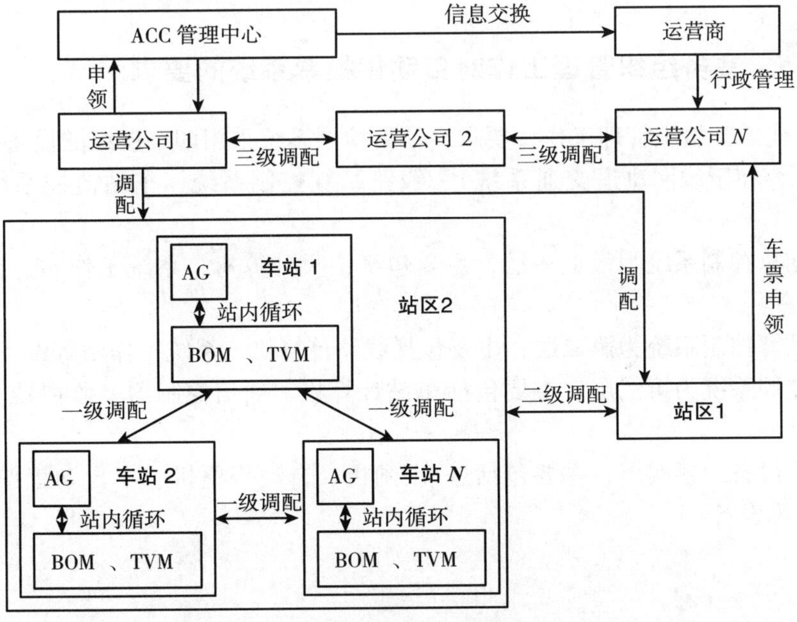

图6-5　“一票通”车票调配流程

子任务 6.4.4 票务安全管理

为加强票务安全管理，必须做好以下几方面的工作。

① 票务安全管理应坚持以保障公司票务收益安全为核心，以强化规章执行为重点，切实落实各项票务管理措施为原则。

② 城市轨道交通运营企业开展票务安全管理可实行多层级的监控管理机制。车站票务运作与自动售检票系统的运作受票务安全管理部门监控，整个票务收入的管理由财务部门负责，审计部门需要定期对票务收入进行审计。

③ 票务稽查可采用现场审核或后台数据分析审核的方式。票务安全管理部门通过收集到的数据和票务报表进行系统分析，并制定实行普查或抽查的计划。审核人员根据相关票务部门的工作流程进行定期或不定期的审核，或者根据实际情况，开展专题分析，也可针对特殊事件或突发事件进行审核。票务稽查的范围主要包括票务现金收入、车票交易数据、车票流转数据、AFC 系统数据、AFC 系统密钥等。

④ 开展票务安全管理工作应建立票务收益的风险管理体系，具体包括：

- 分析票务工作内容，识别票务收益的危险源；
- 对已识别的危险源进行风险评估，划分风险等级；
- 对不同等级的风险采用不同的控制，提高风险控制的效率；
- 建立长效的评估检查机制和层级检查机制，并适时对危险源进行重新识别与风险再评价。

子任务 6.4.5 票务组织管理工作对自动售检票系统的要求

为适应现代票务组织管理工作，要求自动售检票系统采用四个层级的设备，包括中央结算控制系统（存在于线网轨道交通系统）、线路结算控制系统、车站监控系统和售检票设备，其中：

① 中央结算控制系统为最上一层，主要包括中央计算机、系统工作站、编码分拣机等设备；

② 线路结算控制系统为第二层，主要包括线路计算机、系统工作站等设备；

③ 车站监控系统为第三层，主要包括车站计算机、通信控制器、监视器、紧急控制系统等设备；

④ 售检票设备为第四层，主要包括进/出闸机、自动售票机、半自动售票机、验票机、手持式验票机等设备。

任务6.5　票务作业

子任务6.5.1　各岗位的票务作业流程

车站与票务作业相关的岗位包括值班站长、客运值班员、综控员、票务员、站区事务员，下面简要介绍各工作岗位的票务作业流程。

1. 值班站长

1）运营开始前

① 组织全班人员做好运营前的各项准备。

② 接到各岗完成各项准备工作的报告后，对AFC设备及运营准备情况进行全面检查。

③ 用本人的ID及密码登录一台半自动售票机（booking office machine，BOM）。

④ 签退BOM；向当班的BOM操作员发放福利票，并由BOM操作员在“福利票领用交接台账”上进行登记。

2）运营中

① 检查、指导、督促各岗位票务作业情况，确保本班的票务运作规范、顺畅。

② 监督自动售票机（ticket vending machine，TVM）钱箱的更换及现金清点。

③ 必要时，负责处理与乘客相关的票务纠纷。

④ 进行班组票务巡查工作，跟踪掌握自动售检票系统设备运转情况。

⑤ 遇紧急情况时指挥各岗应变。

3）交接班时

① 交接终端设备的运转情况及各类耗材的储备情况。

② 交接本岗保管的相关台账、票务备品及钥匙。

③ 交接本站各类票卡、发票及备用金的准备情况（其中各类票卡含“一票通”车票、“一卡通”车票及应急纸票）。

④ 交接传达上级指示命令及本班未尽事宜。

⑤ 监督各岗位做好交接，确认本班所有岗位作业已结束。

4）运营结束后

① 组织人员协助客运值班员进行自动机具票箱、钱箱的更换。

② 所有作业均已完成后指挥客运值班员通过车站计算机关闭车站终端设备，结束本站全天服务。

③ 监督客运值班员进行现金清点作业。

④ 监督客运值班员结算并封存本站当日全部票款。

⑤ 核对报表及台账。

⑥ 帮助客运值班员做好次日运营准备。

2. 客运值班员

1）运营开始前

① 为票务员发放车票、IC 卡、备用金。

② 将前日收车后准备好的运营所需现金及票卡装入专用推车内，运至 TVM 前。

③ 设备正常启动后，将票卡箱及钱箱逐一加入 TVM，确认 TVM 处于“正常服务”模式。

④ 所有准备工作完成后报告值班站长。

2）运营中

① 巡视车站各类 AFC 终端设备运转情况。

② 负责全部自动售票机具钱箱、票箱的更换及现金清点。

③ 给售/补票岗发放车票及其他票务备品。

④ 通过票务工作站（或 SC）监控车站车票库存情况，根据站区命令进行站区内车票调配。

⑤ 处理乘客招援事宜。

⑥ 银行上门收款时，负责每日票款的解行。

3）交接班时

① 收取售/补票岗交回的票款，回退 IC 卡。

② 交接车站所有票务现金、库存票卡、发票、相关台账（其中票务现金含备用金和票款，库存票卡含“一票通”车票、“一卡通”车票及应急纸票）。

③ 交接车站 AFC 票务室内的设备、票务备品及相关钥匙。

④ 交接车站 AFC 设备的运转情况及各类耗材的储备情况。

⑤ 交接传达上级指示命令及本班未尽事宜。

⑥ 作业结束后报告值班站长。

4）运营结束后

① 进行 TVM 全部钱箱的更换。

② 收取票务员交回的票款、剩余福利票、废票，回退 IC 卡。

③ 在值班站长的监督下逐一对钱箱内的现金进行清点。

④ 结算并封存本站当日全部票款，如车站票款出现差异，应如实填写《车站票款差异说明》。

⑤ 计算本站当日车票、硬币备用金、纸币找零备用金的流失数量。

⑥ 做好次日运营准备。

3. 综控员

1）运营开始前

① 开门前30 min打开SC服务器，用本人的ID及密码登录进入车站计算机。

② 检查系统参数版本并通过SC远程开启车站各种终端设备（BOM、AG、TVM、EQM），检查车站是否处于“正常模式”。

③ 检查车站计算机与各终端设备的网络连接情况，确认一切正常后报告值班站长。

2）运营中

① 通过SC监控车站终端设备的运转情况。

② 发现报警、警告后及时通知相关人员。

③ 落实值班站长的临时指令，负责信息的上传下达。

3）交接班时

① 交接终端设备的运转情况、设备故障的报修及处置情况。

② 交接本班及上一班遗留的票务问题。

③ 在值班站长的指挥下确认售/补票岗位已交接完毕。

④ 按规定打印报表并上交值班站长。

⑤ 进行签退作业。

4）运营结束后

① 确认车站所有终端设备的结账及签退工作已经完成。

② 在值班站长的指挥下通过SC关闭车站终端设备，结束本站全天服务。

③ 按规定打印报表并上交值班站长。

4. 票务员

1）运营开始前

（1）售/补票岗。

① 找AFC综合作业员领取车票、IC卡、备用金。

② 提前20 min开启所有售/补票设备。

③ 确认打印纸数量是否充足。

④ 具备工作条件后向值班站长报告。

（2）监/补票岗。

① 向AFC综合作业员领取车票。

② 提前20 min开启所有补票设备，确认打印纸数量充足。

③ 确认AG处于开启状态。

④ 具备工作条件后向值班站长报告。

⑤ 找值班站长领取福利票并做好福利票领用记录。

（3）监票岗

① 提前 20 min 确认 AG 处于开启状态。

② 找值班站长领取福利票并做好福利票领用记录。

③ 具备工作条件后报告值班站长。

2）运营中

（1）售/补票岗。

① 进行单程票的发售，IC 卡的发卡充值作业。

② 为需要补票的乘客进行补票服务。

③ 更换 BOM 票箱及打印纸。

（2）监/补票岗。

① 进行闸机群的巡视，疏导进出站秩序。

② 引导乘客正确使用售检票设备。

③ 闸机回收票箱满后进行票箱的更换。

④ 为需要补票的乘客进行补票作业。

⑤ 更换补票 BOM 票箱及打印纸。

（3）监票岗。

① 进行闸机群的巡视，疏导进出站秩序。

② 按规定为符合免票条件的乘客换发福利票。

③ 引导乘客正确使用售检票设备。

④ 闸机回收票箱满后进行票箱的更换。

3）交接班时

（1）售/补票岗。

① 交接岗上所有备用金、票/卡、发票及相关台账。

② 在 BOM 上进行签退作业。

③ 交接本岗位设备运转情况、耗材情况及钥匙等岗位备品。

④ 交接本班及上一班遗留的票务问题。

⑤ 将当班所有票款及 BOM 岗结单交给 AFC 综合作业员。

⑥ 作业结束后报告值班站长。

（2）监/补票岗。

① 交接闸机运转情况及钥匙。

② 交接本班及上一班遗留的票务问题。

③ 在补票 BOM 签退，将本班所有补票款及岗结单交与 AFC 综合作业员。

（3）监票岗。

① 交接设备运行情况。

② 交接剩余福利票，并做好福利票交接记录，登记并交接台账。

③ 交接好闸机钥匙及本岗位其他备品。

⑤ 交接本班及上一班遗留的票务问题。

4）运营结束后

（1）售/补票岗。

① 清理废票箱，更换票卡箱。

② 进行岗结，签退后关机。

③ 将岗结单及所有票款和清理出的全部废票交与 AFC 综合作业员。

④ 加锁保管好票卡。

⑤ 作业结束后上报值班站长。

（2）监/补票岗。

① 清理废票箱，更换票卡箱。

② 进行岗结，签退后关机。

③ 将岗结单及岗上所有补票现金及清理出的废票交与 AFC 综合作业员。

④ 确认检票机正常关闭，妥善保管本岗位钥匙及其他备品。

⑤ 作业结束后上报值班站长。

（3）监票岗。

① 清理废票箱。

② 确认检票机正常关闭。

③ 妥善保管本岗位钥匙及其他备品。

④ 将清理出的废票和剩余福利票交还 AFC 综合作业员，并做好相关记录。

5. 站区事务员

1）收缴票款

站区事务员每日对站区所辖各车站进行票款收缴。收缴票款时，应按下列要求办理。

① 于次日收取前一运营日的全部票款，确保票款收入及时归账。

② 收缴票款时须对票款及车站交款台账、设备机打水单进行认真核对。

③ 因设备故障等原因无法与机打水单核对或核对后交款现金与水单不一致时，应与 SC 日收益报表进行核对。

④ 因设备故障等原因无法打印水单及 SC 报表时，应对实际现金进行全额收缴。

⑤ 与监收人核对票、卡、款、账相符后，填写交款单据并签字；出现设备故障造成票、卡、款、账不符或票务员误操作等情况时，应在相关报表、台账中予以注明，并及时上交相关部门。

⑥ 站区事务员应在规定时间内完成站区各车站票款的封包工作。

2）交款方式

原则上由站区事务员进行票款汇总封包，封包后款箱交由车站客运值班员保管，银行到各车站上门收取。

3）封包解行流程

① 核对确认解行人员的身份。

② 与解行人员双方共同确认封包数量、票款金额与银行“封包明细表”的一致性；同时确认相关台账记录的“解交银行款”金额与银行“封包明细表”的金额相一致。

③ 核对无误后，与解行人员办理交接手续。

子任务 6. 5. 2　票务作业程序

1. 售票/卡

售票/卡时，严格执行“一问、二收、三唱、四制、五找”的作业程序。

①“一问”：问清乘客欲购票的张数。

②“二收”：收取乘客的购票款。

③“三唱”：唱收票款的金额及乘客购票的张数。

④“四制”：操作半自动售票机准确发售单程票。

⑤“五找”：将车票和应找的零钱同时交给乘客。

2. 充值

充值时，严格执行“一问、二收、三唱、四充、五找”的作业程序。

①“一问”：问清乘客欲充值金额。

②“二收”：收取乘客充值款。

③“三唱”：唱收款的金额及乘客购充值金额。

④“四充”：操作半自动售票机准确进行充值。

⑤“五找”：将储值票和找零现金同时交给乘客。

3. 监票

监票时，严格执行“一听看、二提示、三疏导”的作业程序。

①“一听看”：听设备提示音是否正确，看设备显示灯是否正确。

②“二提示”：提示乘客正确刷卡、顺序进站。

③“三疏导”：引导刷卡成功的乘客迅速进站乘车，引导票卡异常的乘客到补票室处理。

4. 退票

1）退票办理条件

满足以下条件之一，可以办理退票。

① 由于城市轨道交通原因运营中断，无法将乘客运达目的地。

② 站内发生影响运营的特殊情况后，未进行降级模式的设置。

③ 必须有值班站长以上人员的指令。

2）办理退票作业的要求

办理退票作业时，须满足以下要求。

① 退票时不得少于两名工作人员。

② 办理退票时必须首先通过 BOM 读卡器对票卡进行“车票分析”，然后对票卡内写有车费及当日进站信息的票卡进行退票。

③ 对已经办理退票的单程票应单独保管，并于 24 h 内送交票务中心。

5. 退卡

退卡时，应严格执行“一询问、二收取、三查询、四确认、五操作、六交付”的作业程序。

①“一询问”：问清乘客退卡张数及退卡种类。

②“二收取”：收取乘客所退卡片，查看卡片外观是否有物理损坏。

③“三查询”：将卡片放在 BOM 读卡器上进行“车票分析”，查询卡内信息是否有效，卡内余额是否在业务办理范围内。

④“四确认”：提示乘客查看乘客显示器，确认卡内余额及应退金额。

⑤“五操作”：操作半自动售票机准确办理退卡业务。

⑥“六交付”：将退卡现金及退卡水单同时交与乘客。

子任务 6.5.3　特殊情况下的票务处理

1. TVM 设备故障时的票务处理

TVM 故障时，票务处理方法如下。

① 及时报修并做好相关登记。

② 当 TVM 纸币模块发生故障不能正常使用时，原则上应停用报修。特殊情况下，为满足乘客购票需求，可人工设置为“只收硬币”模式，并加强换币工作。

③ 当 TVM 因未通过一票通认证无法发售单程票时，应及时报修并做好启用 BOM 进行售票的各项准备。

④ 本站 TVM 故障率≥60%或剩余 TVM 不能满足乘客购票需求时，应立即加开人工售票窗口，启用 BOM 进行售票。

⑤ 当 TVM 未通过一卡通认证，无法提供自动充值服务时，原则上应停用报修。特殊情况下，为满足乘客购票需求，可将该台 TVM 人工设置为“只售票”模式，同时须根据现场情况做好“设备故障无法充值，请利用其他自动售票机进行充值”或“设备故障无法充值，请到人工售票窗口进行充值”的宣传提示。

⑥ 由于纸币模块发生故障而导致 TVM 无法提供自动充值服务时，原则上应停用报修。特殊情况下，为满足乘客充值需求，可将该台 TVM 人工设置为“只收硬币”模式，同时须根据现场情况做好“设备故障无法充值，请利用其他自动售票机进行充值”或“设备故障无法充值，请到人工售票窗口进行充值”的宣传提示。

⑦ 设备维修结束后，监督维修人员应逐项验证设备功能，确定已恢复后应及时启用设备，满足乘客及运营需求。

2. BOM 设备故障时的票务处理

当售/补票 BOM 发生故障时，票务处理方法如下。

① 对职责范围内能够处理的故障及时排除，故障处理过程中，在相应窗口挂“设备故障，暂停业务”的提示牌，并引导乘客利用 TVM 购买车票。

② 遇非职责范围内、不能处置的设备故障时，操作员需要及时通知值班站长报修，做好报修记录。同时，须在相应窗口悬挂“设备故障，暂停业务”的提示牌，并引导乘客利用 TVM 购买车票。

③ 若室内还有其他空闲 BOM，操作员可退出原 BOM，更换至其他 BOM 重新登录售票。若室内没有空闲 BOM，在运力允许的情况下，值班站长可视客流，指示其他 BOM 操作员预制适量单程票，分配给故障 BOM 窗口发售；对于分配的车票及发售后的票款，双方均应进行交接，当面点清。

3. 所有售票设备故障时的售票处理

当所有售票设备均发生故障不能使用时，票务处理方法如下。

① 立即通知值班站长、报告 LC、站区及公司相关部门。

② 值班站长指示票务员向 LC 提出将车站设置为进站免检模式的申请。

③ 进站免检模式设定成功后，BOM 操作员须立即关闭售票窗口，锁好票款，在闸机处协助疏导乘客进站，并做好宣传解释工作。

④ 在车站应迅速加强“直接进站，无票乘客出站补票”的宣传提示，同时提示 LC 利用 AFC 调度电话通知路网内其他各站加强出站补票，以确保企业效益。

4. 检票设备故障时的票务处理

当检票设备（AG）发生故障时，按照下列方法进行票务处理。

① 对职责范围内能够处理的故障及时排除，故障处理过程中，在相应检票通道设置“设备故障，请利用其他通道”的提示牌。

② 遇设备故障需报修时，监票岗及时通知值班站长并在相应检票通道处设置“设备故障，请利用其他通道”的提示牌。

1）部分进站检票设备故障

当部分进站检票设备发生故障时，按照下列要求处理票务。

① 监票岗立即通知值班站长，值班站长可根据情况作出限制或减缓售票的决定，必要

时可酌情关闭适量 TVM 或 BOM。

② 若双向闸机状态良好，值班站长可通知客运值班员将其设置为进站专用。

③ 当客流激增、可能出现乘客拥堵时，应立即采取限流措施，并及时向站区报告，根据情况指示客运值班员向 LC 提出将车站设置为进站免检模式的申请。

④ 进站免检模式设置成功后，模式所在站应迅速加强“直接进站，无票乘客出站补票”的提示，同时提示 LC 利用 AFC 调度电话通知路网内其他各站加强出站补票，以确保企业效益。

2）部分出站检票设备故障

当部分出站检票设备发生故障时，按照下列要求处理票务。

① 监票岗立即通知值班站长。

② 若双向闸机状态良好，值班站长通知客运值班员将其设置为出站专用。

③ 当列车密集到达，可能出现乘客拥堵时，应及时打开特殊通道，并人工回收“一票通”车票，同时向站区报告。

④ 当客流激增，开启特殊通道也无法满足快速疏散要求时，值班站长及时指示客运值班员向 LC 提出将车站设置为出站免检模式的申请。

⑤ 出站免检模式设置成功后，应迅速加强人工回收单程票等回收类票卡的力度，同时提示乘客“不必刷卡，直接出站”。

⑥ 补票岗应关闭补票窗口，锁好票款，做好乘客的宣传疏导工作。

3）全部检票设备故障

当全部检票设备均发生故障无法使用时，按照下列要求办理票务。

① 监票岗立即报告值班站长；值班站长指示客运值班员向 LC 提出将车站设置为进出站免检模式的申请，并报告站区及公司相关部门。

② 进出站免检模式设置成功后，补票岗应关闭补票窗口，锁好票款，走出售票室，做好乘客的宣传疏导工作。

③ 免检模式所在站应提示 LC 利用 AFC 调度集中电话通知路网内其他各站加强出站补票，以确保企业效益；同时，应加强宣传提示：进站方向提示“直接进站，无票乘客出站补票”；出站方向提示“无须刷卡、直接出站”，并组织人员人工回收单程票等回收类票卡。

5. AFC 系统设备大面积故障或瘫痪时的票务处置

AFC 系统设备大面积故障或系统瘫痪时，站区/车站接到 LC 关于启动应急预案的指令后，立即启用应急纸票，转入人工售检票作业模式。应急纸票机制一经启动，应持续到当日运营结束；第二天听候上级指令恢复 AFC 运营模式。

启用应急纸票的工作流程如下。

① 客运值班员接到启用应急纸票的通知后，立即报告值班站长、站区领导及公司相关部门。

② 值班站长指挥各岗按照人工售/检票岗位设置的模式与位置，迅速做好人工售检票的各项作业准备。

③ AFC 综合作业员接到通知后，立即取出应急纸票及人工售检票作业台账，配合值班站长组织站务人员开展人工售检票工作。

④ 交班及运营结束后，售票岗位人员应如数上缴票款，并如实填记相关台账，值班站长应做好现金及台账的检查，核对工作。

⑤ 恢复 AFC 模式后，AFC 综合作业员应及时对应急纸票、人工售检票台账进行核对；剩余车票应及时再次封存并与相关台账一并放入储币柜加锁保管。

任务 6.6 票务台账及票款结算

子任务 6.6.1 票务台账

1. 票务台账的分类

城市轨道交通的票务台账包括以下 18 种：

① AFC 综合作业岗交接台账；

② 福利票领用交接台账；

③ 补票/加币记录；

④ 乘客事务处理记录；

⑤ AFC 综合作业员退卡、备用金领用交接台账；

⑥ 票务员退卡、备用金领用交接台账；

⑦ 检票员台账；

⑧ IC 卡领发登记台账；

⑨ BOM 操作员储值卡交接登记台账；

⑩ 发票领用交接台账；

⑪ 站区日营业收入汇总表；

⑫ 车站日交款明细；

⑬ 故障单程票统计上交单；

⑭ 单程票库存情况登记簿；

⑮ 售票员发票交接登记簿；

⑯ TVM 钱箱日清点记录；

⑰ 交接班领票交款结算簿；

⑱ 一卡通回退卡记录。

2. 票务台账的填写要求

票务台账填写要求如下。

① 各种票务台账分管人员应认真地如实填写，按期上报，妥善保管，并随时接受票务管理人员对账目的监督、指导、审查。

② 各种账目、单据的填写，须使用蓝黑墨水笔、圆珠笔或签字笔，字迹要端正、清楚，项目齐全，改错限用红色墨水笔并盖名章，严禁割、擦、挖、补。

③ 不得私自填写原始单据冲抵账目，否则按违反财经纪律处理。

3. 票务台账的保存期限

票务台账的保存期限如下。

① 各类人工台账保存期限为 1 年。

② 各种售票类设备机打水单保存期限为 3 个月。

③ 与应急纸票相关的售票、检票、车票库存及应付台账应长期保存，必要时由主管部门负责统一组织销毁。

子任务 6.6.2　票款结算

1. 对账方法

1）水单与实收现金的核对

水单与实收现金的核对方法如下。

① 站区事务员应明确本站区各车站当日投入使用的 BOM 和 TVM 数量，用设备水单与《车站日交款明细》核对。水单包括 TVM 结账单据、硬币钱箱更换单据、纸币钱箱更换单据、BOM 结账单据。

② 逐台设备进行水单与实收票款的核对。BOM 票款收益按水单金额进行计算，TVM 实收票款计算公式如下：

硬币回收个数 + 纸币金额 − 补充硬币数量 = 交易金额 + 充值金额

③ 如果水单与实收现金有差异，则应核对相关台账，查看实收与水单差额，车站应在《车站日交款明细》上注明差额原因，填写差额原因说明，非人为原因按实收现金交款；站区事务员将差额原因核对无误后在《站区日营业收入汇总表》上注明，并将误差水单、差额说明复印件传至公司相关部门。

2）水单与 SC 报表的核对

SC 报表（《按交易类别统计日报》或《现金交易日报》）与设备水单逐一进行核对。

2. 核对票款的注意事项

核对票款的注意事项如下。

① TVM 在进行结账前一定要先进行“硬币清空”和“更换纸币钱箱”操作，这些操作

都做完后，再进行“结算处理”，结算单打出后将设备设置为“暂停服务”，以免结账后再次进行交易，这样会直接影响水单与SC的对账准确性。

② 车站所有设备操作员必须使用自己的ID及密码。

③ 各类台账应如实填写，以备出现问题时进行人工账的查询。

④ 各站区上交《站区日营业收入汇总表》时一定要把有问题的设备名称、设备编号(7位)、水单显示、实收金额及SC显示写清楚。

⑤ TVM出现长短款时，值班站长及客运值班员应先行核对车站AFC备用金数量是否存在误差，确保设备加币量准确无误，排除人为原因导致的票款差异。

3. 票款差异处理

当核对中发现票款不一致时，处理方法如下。

① 站区按照票款收缴管理办法，负责完成票款收缴工作，确保票款的安全、完整。

② 半自动售票机（BOM）按照“当班结清、短款自付、长款上交”的原则收缴票款；自动售票机（TVM）按照“当日实收款全额上交”原则收缴票款。

③ 因设备故障引起的短款，由公司补齐。

④ 由分公司认定的非设备原因引起的短款，由站区在月末集中补齐。

任务6.7 清分和收入对账

1. 清分

清分就是把运营的总收入按照利益分配主体的贡献进行有效的利益分配。清分方式可分为按主体清分与按线路清分两种。按主体清分又可分为按运营主体清分和按票卡主体清分。按线路清分，就是把单个运营主体的总收入按合适的比例分配到各条运营线路中，从而实现各线路收入与其成本的配比。

1）收入清分原则

收入清分的原则如下。

① 归一原则。所有运营主体的清分权重系数总和为一，所有票卡主体的清分权重系数总和为一，所有线路的清分权重系数总和为一。

② 与客流统计口径保持一致的原则。收入清分分正常清分和异常交易清分两种，异常交易清分，原则上由运营商协议清分。

2）收入清分方法

人工售检票阶段可采用以售卖站确认收入、以出站确认收入、按协议清分等收入清分方法。

自动售检票阶段的清分方法有：最短路径法、最少时间法、最少换乘法、广义最短路径法等。

2. 收入对账

收入对账应采用的原则如下。

① 车票应收金额与实收金额一致。

② 车站票款解行金额与收到的现金一致。

③ 车站票款解行金额与银行确认金额一致。

人工售检票阶段，应通过车票售卖数乘以票价与实际收到的现金进行核对。自动售检票阶段应进行内部系统数据的勾稽对账，与银行核对解行金额，与外部运营商收益对账与结算，多样化支付手段的对账结算。

任务 6.8　现金管理

车站现金主要包括备用金和票款。

车站备用金一般用于与银行兑零、给乘客找零、兑零、TVM（自动售票机）补币和乘客受伤救护时临时借用。票款主要包括售票收入、充值收入和其他事务处理收入等。车站备用金可采用专款专用的形式，也可用票款充当。

车站现金一般存放于点钞室、票亭、自动售票机内。存放现金的场所和设备应随时保持锁闭状态，必要时配置监控设备，并制定现金管理规定，确保现金安全。

城市轨道交通运营企业的票款解行方式可采用直接解行、上门收款、自助解行三种解行方式。

思考与实训 6

思考题

思考并回答以下问题：

（1）城市轨道交通的票务组织工作包括哪些内容？

（2）目前城市轨道交通的常用票制有几种？

（3）城市轨道交通企业在确定采用哪种票制时需要考虑哪些因素？

（4）城市轨道交通的车票有几种？各有什么特点？简述各类车票的有效期和使用方法。

（5）简述车票在城市轨道交通运营企业内的运转流程。

（6）城市轨道交通的自动售检票系统有哪几种？各有什么功能？

（7）值班站长在票务作业中的职责是什么？

（8）客运值班员在票务作业中的职责是什么？

（9）票务员和站区事务员在票务作业中的职责是什么？

（10）简述票务作业程序。

（11）如何进行票款结算？

（12）票款结算中遇到票款差异情况时如何处理？

实训任务

任务1 调查研究你所在城市的城市轨道交通票务系统，编写一份城市轨道交通票务系统调研报告。要求所形成的报告最终以 PPT 的形式展示，应图文并茂，具有说服力。

提示：报告中，可以围绕下列主题展开。

① 你所在城市的城市轨道交通车站有哪些票务设备？

② 介绍你所在城市的城市轨道交通使用的车票。

③ 介绍你所在城市的城市轨道交通的票价。

项目 7

城市轨道交通设备和车辆维修管理

项目导学

本项目中，首先介绍车辆及各类城市轨道交通设备，维修管理的原则、内容，设备维修管理模式、机制，以及常用的维修方式；然后介绍城市轨道交通运营企业的设备维修管理机构设置情况、维修设备设施的配置情况；最后介绍维修施工作业管理等内容。

教学目标

(1) 掌握城市轨道交通设备的分类及其对维修的要求。
(2) 了解城市轨道交通设备维修管理的原则、目标。
(3) 熟悉计划修、状态修、故障修的作业内容。
(4) 掌握城市轨道交通设备维修管理模式和管理机制。
(5) 熟悉城市轨道交通设备维修管理的组织架构及其设置原则。
(6) 掌握车场、维修基地的维修设备设施配备情况。
(7) 了解维修施工管理工作要求。
(8) 掌握影响行车的维修施工措施。
(9) 掌握需要车站配合的维修施工作业流程。
(10) 了解线网状态下邻线工程车和客车转场措施。

建议学时

6 学时

任务 7.1　认识城市轨道交通的车辆和设备

城市轨道交通设备是城市轨道交通正常运营的物质和技术基础，城市轨道交通专业从业人员必须了解城市轨道交通系统各种设备的构成、原理、功能及设备之间的相互关系，才能做好运营工作。

从广义上讲，城市轨道交通设备包括车辆和支持车辆正常运行的线路、车站、车辆、供电、信号、通信、机电、监控系统等设备。但从行车的角度看，车辆是城市轨道交通系统完成乘客运输任务的工具，其他设备是为乘客运输服务的，由于二者的维修管理存在很大的区别，本项目下文所指的设备均为除车辆外的其他设备。

1. 车辆

车辆分为客车和工程车两大类。

客车是城市轨道交通系统完成乘客运输任务的工具，同时也是整个城市轨道交通系统中最关键、技术含量高且集中的机电设备，图 7－1 所示是上海磁悬浮高速列车。客车技术状况的好坏对于高质量安全地完成客运工作至关重要。

图 7－1　上海磁悬浮高速列车

工程车的作用是维护线路设备设施，并承担突发事件处理、事故救援工作，在城市轨道交通系统中起运营安全保障作用，图 7－2 所示是带受电弓的工程车。

图 7－2　带受电弓的工程车

2. 设备

根据设备对运营安全的影响程度不同进行分类，设备通常分成 A、B、C 三类。对不同类型的设备应采取不同的维修政策。

① A 类。A 类设备直接影响行车且无备用的设备，分布在正线或车辆段轨行区，包括轨道、接触网、桥隧，示例如图 7－3 所示 。

（a）桥梁　（b）接触网与股道

图 7－3　A 类设备

② B 类。B 类设备是直接影响列车运行模式或状况的设备，分布在主变电所、各车站变电所、正线及车辆段轨行区、控制中心、车辆段、车站设备房，包括供电、信号、通信系统。

③ C 类。C 类设备不直接影响行车，但影响服务水平。C 类设备分布在车站设备房、轨行区、车辆段、控制中心等处，包括机电系统及自动化设备。

任务 7.2 熟悉城市轨道交通的维修管理工作

城市轨道交通的维修管理工作应包括车辆维修管理和设备维修管理，维修管理的目标是通过恰当的检查、检测、维护保养、维修手段，用合理的维修成本，保证设备以良好的运行状态持续运行，为乘客提供良好的服务产品。

子任务 7.2.1 城市轨道交通的维修管理原则

城市轨道交通维修管理的基本任务是依据国务院《全民所有制工业交通企业设备管理条例》及国家有关方针、政策、法令、法规，建立适合城市轨道交通运营企业经营目标要求的车辆和设备维修方面的管理规章制度，指导本企业车辆和设备的维护、维修及管理。

为搞好车辆和设备的维修管理工作，城市轨道交通运营企业应把握以下原则。

① 设备和车辆的维修管理应遵循“一切为了运营”的原则。

② 城市轨道交通设备管理宜采用全寿命周期管理，即以企业生产经营目标为依据，运用技术、经济和组织措施，对设备从规划、设计、制造、购置、安装、使用、维护、修理、改造、更新直至报废的整个寿命周期进行全过程的管理。

③ 维修管理应遵循“经营效益、精简高效、发展、有所为有所不为、资源共享”的原则，以及专业化结合区域化的原则。

子任务 7.2.2 城市轨道交通的维修管理工作内容

1. 车辆维修管理

城市轨道交通车辆维修是对车辆各子系统进行检测、检修和维护，保证车辆质量，实现列车的安全、可靠、高品质运行。

知识链接

北京市城市轨道交通系统的车辆维护检修周期

北京市城市轨道交通系统的车辆维护检修周期如下。

① 日检：运行的列车每天进行的维护检修。

② 小修：每当列车运行不超过 5 000 km 时进行的维护检修。

③ 中修：每当列车运行不超过 2.2 万 km 时进行的维护检修。

④ 架修：每当列车运行不超过 40 万 km 时进行的维护检修。

2. 设备维修管理

城市轨道交通设备维修管理主要包括对车站机电设备（风、水、电、扶梯、屏蔽门、消防等）、供电设备（交流高中压系统、牵引供电、接触网、接触轨等）、工务建筑（轨道线路、房屋建筑、桥梁、隧道、感应板等）、通信设备（通信、信号系统软硬件设备）、自动化设备（火灾监控系统、车站设备监控系统、AFC 系统、门禁系统、乘客信息显示系统、电力监控系统、主控集成系统等）等的维修管理，其目的是保证各种设备处于良好状态，为城市轨道交通的安全运营提供保障。

子任务 7.2.3 设备维修方式

设备维修方式一般分为计划修、状态修和故障修三种。

1. 计划修

计划修是指根据城市轨道交通运营企业制定的设备检修周期与工作内容，对有关设备确定不同检修周期及检修周期的检修深度和范围的维修模式，具体修程如下。

① 日常保养。日常保养是指在设备不停电、不停机等正常使用状况下对设备进行外观检查，检查设备运行是否正常，并进行简单的维护。日常保养包括每日或每周的日常巡检等。

② 二级保养。二级保养是维持性修理，主要对设备进行检测、清扫、调整和涂油；对磨耗、锈蚀到限的设备进行整修和更换（或局部更换）；对损坏的零部件进行换修，以保持设备正常的技术状态。二级保养包括月检、季检等。

③ 小修。小修是维持性修理，主要对设备进行参数测试、性能试验、信号测量、检查、清扫、调整和涂油，以及更换或整修磨损较大的零部件，使设备满足持续正常使用的要求。小修包括年度检修。

④ 中修。中修是恢复性修理，除小修的全部项目外，还需要部分解体检修，通过检修及更换主要零部件，恢复设备的性能，使设备达到原设计的技术要求。中修主要指三年检修、五年检修等。

⑤ 大修。大修是全面恢复设备的有关性能，实现设备设计寿命周期内保持各项功能表现稳定的重要的维修形式。对于大修的周期，可参考供货商的设备技术说明书、国家或行业有关标准来确定。

小贴士： 由于车型不同，车辆计划维修要求不尽相同。国内 A 型车辆的计划修内容见附录 C。

2. 状态修

状态修是依据设备各有关元器件、部件的使用寿命特点，结合实际使用经验，在设备故障即将出现但暂未出现时主动采取更换元器件、部件及其他维修维护性措施。

对于已运营稳定的线路，合理的维修方式推荐为状态修。对于一些目前条件还达不到状态修的运营单位，可先采取计划修的形式，对具有自动检测功能的系统要积累数据及经验，向状态修过渡。

3. 故障修

故障修是指因设备或部件出现故障导致其全部或部分使用功能丧失而进行的被动修复性工作。

小贴士：直接影响行车的无备用的设备不适合故障修。

子任务 7.2.4 设备维修管理模式

目前，城市轨道交通的设备维修管理模式通常有两种：自主维修和委外维修。自主维修指的是城市轨道交通运营企业建立自己的维修基地，自行对设备进行维修。委外维修指的是委托社会上其他具有设备维修能力的单位对设备进行维修。

对于刚开始运营的线路，除国家相关法规规定必须满足相应的资质要求的一些特种设备、高电压等级的电力设备必须采取直接委外维修保养外，其他通用性设备的维修，建议采取自主维修模式。

在运营稳定后，本着“有所为有所不为”的原则，应对维修方式进行经济技术论证后决定采用何种维修方式。

设备委外维修的前提条件如下。

① 有成熟的维修市场和健全的市场规则，能完全满足运营安全、技术、时效等要求。

② 维修成本低于自主维修。

③ 设备维修活动应能得到有效的控制，不会给运营安全造成影响。

设备委外维修应执行的原则如下。

① 两次维修的间隔时间长（重点考虑各系统或设备的大修）。

② 维修作业对运营不构成影响。

③ 维修保养作业总量不大但需要配置专用设备。

④ 维修保养作业总量大但非经常性作业。

⑤ 企业维护或维修资质限制。

对于已成线网的城市轨道交通运营企业，应建立自己的集中式的综合维修基地和以车站为基地的维修管理模式。

子任务 7.2.5　设备维修管理机制

设备维修管理机制通常包括协调运作、设备管理基础工作、评价体系及指标、设备维修规范等。

① 协调运作。对于职责明确的一般性维修，由各个车间或基地自己完成检修及故障处理；对于有接口关系的系统和设备，则要由接口车间或基地共同完成检修及故障处理；对于一些重大且接口比较多的问题，由设备管理部门组织专项工作组共同完成。

② 设备管理基础工作。设备管理基础工作包括原始记录、数据、规章制度和档案资料管理4个方面。

③ 评价体系及指标。设备管理部门应参照设备管理的规定，按照设备管理主要经济技术指标的规定进行统计和计算，按时填报“设备情况年报”“设备情况季报”“设备增减动态表”等。

④ 设备维修规范。设备维修管理部门必须建立与本企业设备相适应的检修规范或规程。

此外，应通过优化维修管理模式和实施全面预算来降低运营维修成本；通过优化采购管理制度和流程，科学设定库存线，降低库存金额，实现经济效益和社会效益的最大化。

还应成立城市轨道交通设施保护办公室，组织专业人员队伍，专门从事城市轨道交通线路沿线控制保护区域内设备设施定期巡视检查、协调、执法，对控制保护区域内活动方案进行审查、审批处理，为有关行政管理部门依法实施行政管理提供意见。

任务 7.3　了解设备维修管理机构设置

城市轨道交通运营企业的设备维修管理机构设置，与该企业所负责的城市轨道交通线网规模有关，具体设置原则如下。

子任务 7.3.1　单线路阶段的设备维修管理机构设置

如图 7－4 所示，当只有一两条线路投入运营时，运营单位设备维修主管部门可直属于一个设备维修部，设置机电车间、供电车间、自动化车间、通号车间、工建车间及相关职能室（综合室及技术室）。

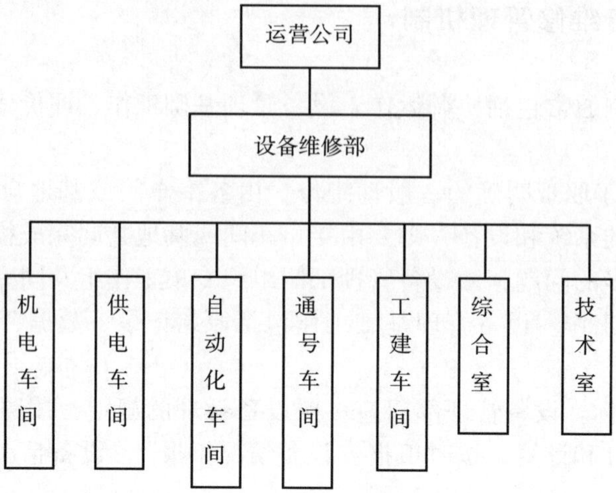

图 7-4 单线路阶段的设备维修管理机构设置

各业务部门的职责如下。

① 机电车间负责全线所有环控系统、水冷系统、给排水系统、低压配电系统、消防设备、电扶梯、屏蔽门等设备的维护保养工作。

② 供电车间负责主变电所、牵引降压混合变电所、降压变电所、接触网等设备的维护保养工作。

③ 自动化车间负责自动售检票、综合监控系统、电力监控系统、车站设备监控系统、火灾报警系统等设备的维护保养工作。

④ 通号车间负责信号、通信、乘客信息发布系统等设备的维护保养工作。

⑤ 工建车间负责轨道、桥房隧道、感应板（线性电机专有设备）等设备的维护保养工作。

⑥ 综合室负责维修工程部行政文档及后勤管理工作，负责全面预算、材料采购、工程管理、培训等系列工作。

⑦ 技术室负责设备系统的维修生产技术管理，组织制定所管辖设施设备的维修规程及质量、技术标准和作业程序，优化所管辖设备设施的维修组织管理。

子任务 7.3.2 线网阶段的设备维修管理机构设置

线路成网后，宜建立集中式的综合运营维修基地，并设置以车站为基地的区域化维修管理组织，由设备维修主管部门进行统一管理。机构设置如图 7-5 所示。

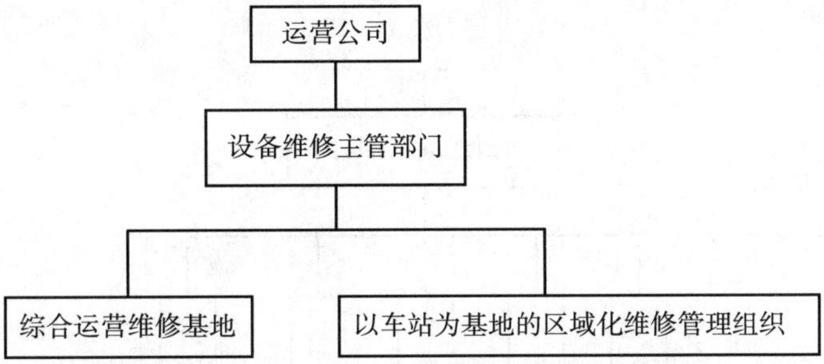

图7－5　线网阶段的设备维修管理机构设置

各业务部门的职责如下。

① 综合运营维修基地主要负责各条线路设备的离线维修，以专业维修为主，包括部件大修、中修、完善性维修、专业保养维护、专业检查检测等，也可以在运营维修基地分别设置供电、机电、通号（电子）、工建维修基地。

② 以车站为基地的区域化维修管理组织，可以设置适合各自区域特点的设备维修管理模式。

任务7.4　了解车辆维修管理机构设置

子任务7.4.1　车辆维修管理机构设置原则

对于车辆维修管理机构，设置原则如下。

① 应考虑整个线网管理的合理性和先进性，有利于城市轨道交通车辆维修事业的发展及形成对外的竞争能力。

② 应考虑有利于各线路各种车型车辆的综合利用，减少车辆调度流程，提高工作效率。

③ 应考虑设备、物资等资源的共享，以较少的固定资产投资和流动资金实现先进的维修管理，并尽量减少设备占地。

④ 应考虑管理、技术人员的优化组合，既考虑到常规的维护技术，也要考虑到维修新技术的发展，以及新线建设的需要。

子任务7.4.2　单线路阶段的车辆维修管理机构设置

如图7－6所示，在只有一两条运营线路时，运营公司车辆维修主管部门下可设检修车间、大修车间、设备车间、技术室、综合室。

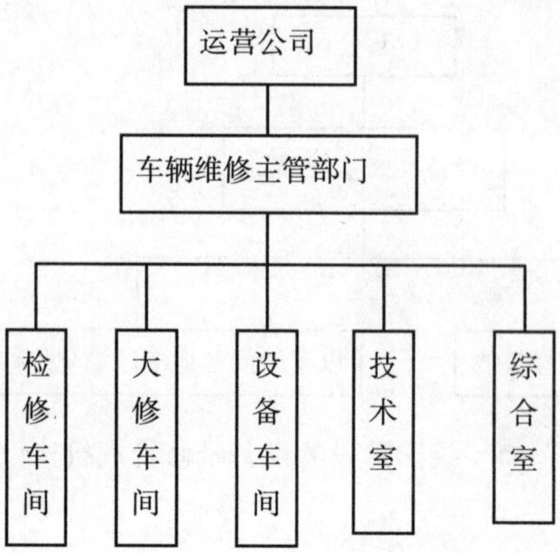

图 7－6　单线路阶段的车辆维修管理组织机构

各业务部门主要负责的工作如下。

① 检修车间负责车辆年检及以下修程的检修工作，下面可设轮值工班、定修工班等。

② 大修车间负责车辆大修、架修工作及部件修工作。

③ 设备车间负责车辆以外的附属设备和工程车的维修工作。

④ 技术室负责以下工作：制订车辆检修的各项规章制度，并督促落实；开展各项技术攻关、技术改造及车辆零部件国产化工作；疑难故障的解决；新线建设有关车辆的技术工作等。

⑤ 综合室负责各项事务、计划、物资采购、核算、统计、人事、安全等工作。

子任务 7.4.3　线网阶段的车辆维修管理机构设置

随着运营线路增加，形成线网规模时，运营公司车辆维修主管部门可根据不同车型设置不同的维修基地，每一个维修基地下设维修部、大修部、技术部、综合部等部门，线网阶段的车辆维修管理机构如图 7－7 所示。

各业务部门承担的工作如下。

① 维修部负责该型车辆及其附属设备年检及以下修程的检修、技术管理工作，以及部门检修和临修工作。维修部应管辖多条线路车辆的维修工作。

② 大修部是部件集中维修基地，负责车辆架修、大修工作。

③ 技术部负责车辆维修部门的技术管理工作，主要包括：牵头组织、编写和制定车辆检修规程；处理各线普遍性技术问题；组织开展技术攻关、技术改造及车辆科研、国产化工作；新线建设有关车辆的技术工作等。技术工程师要从事专业技术和技术管理工作。

④ 综合部负责各项事务、计划、物资采购、核算、统计、人事、安全等方面的工作。

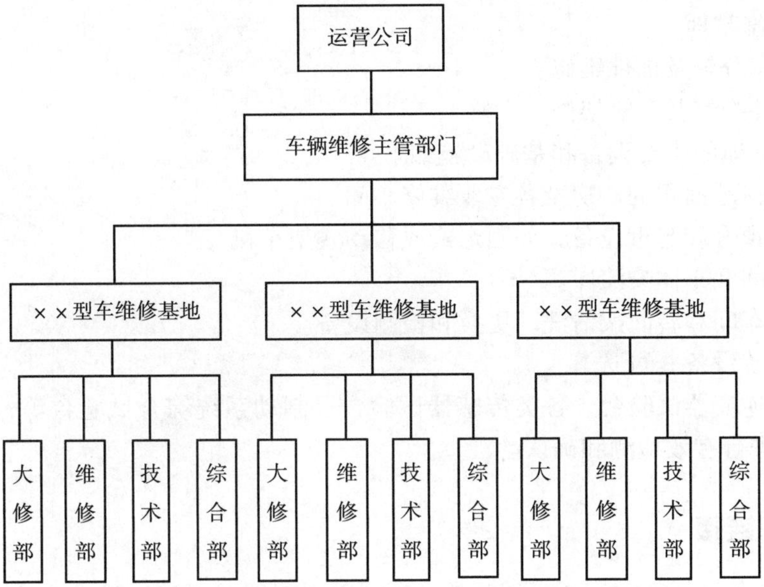

图7－7　线网阶段的车辆维修管理组织机构

子任务7.4.4　车辆维修设施设备

城市轨道交通系统中对车辆进行运营管理、停放、维修及保养的场所是车辆段。车辆段按规模可分为车场（也称作停车场）和综合维修基地（简称维修基地）两部分。下面介绍各部分的功能、修程及主要设备。

1. 车场

功能：负责列车的停放、清洁和日常检修。

修程：日检、双周检、三月检、年检、临时故障处理。

车场的主要设备和基础设施如下。

① 足够的可用来停放列车的股道。

② 足够的检修股道。一般一条检修股道分为A、B段或A、B、C段，每段停放一列列车，数量的设置应充分考虑线路的扩展。

③ 专门的工程车停车库。该停车库应可停放所有的工程车，每一股道最多停放两台工程车。

④ 试车线。一个车场设置一条供列车调试或工程车有需要时试车调试的试车线，速度要求根据列车调试的需求而定，一般最高速度不超过80 km/h（列车自动运行ATO模式下），试车线的有效长度应超对1200 m，确保车辆的大部分功能调试都能在试车线上进行。

⑤ 不落轮镟床。用于对不符合标准的车轮轮对的轮缘、踏面进行必要的镟修。

⑥ 足够的现场维修工具。主要包括整车功能性测试工具、仪器、仪表等。

2. 综合维修基地

功能：列车分解及部件维修。

修程：部件维修及车辆架修、大修。

综合维修基地的主要设备和基础设施如下。

① 有较大占地面积的厂房及各专业维修车间。

② 必要的顶升和起重设备，如固定式或移动式架车机。

③ 车体车间和车体喷漆库。

④ 转向架车间和转向架清洗、更换和检测设备。

⑤ 轮对压装设备（可选）。

⑥ 应配备逆变器试验台、各类传感器试验台、制动系统综合试验台等，用于对进行性能维修的部件进行有效检测和确认。

知识链接

车辆段

1. 车辆段的组成

按照《地铁设计规范》（GB 50157—2013）的规定，车辆段根据功能可分为检修车辆段和运用停车场两部分。

① 检修车辆段用于列车的检修工作，根据其检修作业范围可分为架（厂）修段和定修段。

② 运用停车场负责段属车辆的停放、列检和乘务工作。

2. 车辆段的性能

车辆段的工作范围和内容主要包括以下几方面。

① 日常维护。收车后对车辆按养护规定进行日常检查保养，对车辆内外部进行清洗打扫。

② 列检。对列车各主要部件进行外观检查，对危及行车安全的故障及时进行重点修理。

③ 月检。对车辆外观和主要部件技术状态进行检查，对危及行车安全的故障进行全面修理。

④ 定修。预防性地对车辆各大部件的技术状态进行仔细检查，对车上仪器和仪表进行校验，对发现的故障进行针对性修理。

⑤ 架修。检查和修理大部件，对车辆各部件进行解体和全面检查、修理、实验、校验。

⑥ 大修。大修属于全面恢复性修理，需要对车辆全面解体，进行检查、修理、整形、实验、校验、调试、油漆。

任务7.5 维修施工组织管理

1. 维修施工组织管理原则

为做好维修施工管理工作，城市轨道交通营运企业应把握好以下原则。

① 合理建立维修基地。城市轨道交通运营企业应结合技术设备的分布，在车辆段及个别有条件的车站建立维修基地，配备快速反应的人员和设备，确保使用最合理的时间到达维修施工现场。

② 成立由部门负责人组成的维修施工组织管理机构。应成立由维修施工组织管理、施工计划编制和执行、车站/车辆段、维修部门等单位的负责人组成的维修施工组织管理机构，负责管理城市轨道交通线路的维修施工组织工作。

2. 维修施工管理工作要求

维修施工的组织管理可按以下要求进行。

① 明确施工组织模式。根据施工作业影响范围和时间来划分施工计划的类别，明确施工请点、销点的手续和凭证，并对施工计划的执行情况进行统计分析，提出改进意见。

② 应用维修施工管理信息系统。通过计算机应用技术开发施工管理信息系统，完成施工计划的编制、施工请点、施工销点、施工统计及分析。

③ 维修施工管理网络化。OCC 调度员、车站/车辆段值班员、施工负责人及施工管理人员可通过系统终端完成计划申报、编制和实施等全过程，既要确保施工安全，又要提高施工组织和实施的效率。

3. 特殊情况下的维修管理措施

1）线网状态下邻线工程车和客车转场措施

线网状态下邻线工程车和客车需要转场时，应采取以下措施。

① 应减少使用工程车作业，必要时才开行工程车配合作业。

② 应优化施工配合组织工作，减小施工配合对纯施工作业时间的影响。

③ 工程车和客车应以本线使用为主，减少不必要的转线作业，减小对施工作业的影响。

④ 客车、工程车必须转线时，宜安排在运营时间内早、晚的低峰期时段实施，工程车

应装有车载 ATP（列车自动防护）设备。

2）影响行车的维修施工作业

在施工可能会影响行车的情况下，应采取以下措施。

① 影响行车的施工，应经控制中心行车调度员批准方可进行。

② 施工负责人在施工计划规定的地点和时间办理施工登记、请点。

③ 车站根据有关规章的规定，对站内线路施工或站间线路施工设置红闪灯进行防护。

④ 作业人员应在作业区域可能来车方向处放置红闪灯进行防护。

⑤ 当施工作业结束后，施工责任人要负责施工区域线路出清并报施工负责人，施工负责人在该项作业区域全部出清后负责统一经车站向行车调度员销点。

3）不影响行车的维修施工作业

当维修施工作业不影响行车时，流程如下。

① 施工申请递交相关车站。

② 运营期间不影响行车的施工作业，经车站批准即可施工。

③ 作业施工完毕后，施工负责人负责施工区域的出清后到车站销点。

4）要求车站配合的维修施工作业

当需要车站配合维修施工作业时，流程如下。

① 施工申请递交相关车站。

② 车站值班站长核实车站是否能给予配合。

③ 对超过车站能力的配合要求，车站有权不给予办理施工，但应立即向相关管理人员反馈。

思考与实训 7

思考题

思考并回答以下问题：

（1）城市轨道交通设备分为哪两类？各类设备对维修有什么要求？

（2）单线路运营时如何设置设备维修组织机构？

（3）线网状态下如何设置设备维修组织机构？

（4）车辆的维修组织机构如何设置？

（5）简述计划修、状态修、故障修的作业内容。

（6）城市轨道交通设备维修管理模式有哪两种？如何选择？

（7）委外维修的前提条件是什么？

(8) 简述城市轨道交通设备维修管理机制。

(9) 简述维修施工管理工作要求。

(10) 如何进行影响行车的维修施工?

(11) 当维修施工作业需要车站配合时，如何进行?

(12) 在线网状态下，当工程车和客车需要向邻线转场时，如何进行?

实训任务

任务1 组织学生参观车辆段，尤其注意观察停车库、列检库、检修库、洗车库中的各种检修设备，了解各个车库的作用，以及列车的日常维护、列检、月检、定修、架修、大修等的具体工作内容，编写一份城市轨道交通车辆维修的调研报告。要求所形成的报告最终以PPT的形式展示，应图文并茂，真实可靠。

任务2 组织学生分角色演练影响行车的维修作业施工流程。

项目 8

城市轨道交通安全管理

项目导学

本项目中，首先介绍安全风险管理在城市轨道交通运营管理中的重要性，然后介绍如何识别城市轨道交通系统中的危险源、如何进行城市轨道交通运营安全管理，最后介绍了城市轨道交通安全管理应遵循的方针和常用手段，以及常见行车事故处理方法。

教学目标

(1) 了解城市轨道交通安全风险管理的重要性。
(2) 熟悉城市轨道交通系统中各种潜在的危险源及其危害性。
(3) 认识城市轨道交通的安全管理对象。
(4) 了解城市轨道交通安全管理的方针与手段。
(5) 掌握城市轨道交通常见行车事故处理方法。

建议学时

6 学时

任务8.1 认识城市轨道交通安全管理的重要性

城市轨道交通系统的根本任务就是把旅客安全、及时地运送到目的地。由于城市轨道交通大部分运行于由车站和隧道构成的相对封闭的空间内，人和设备高度密集，在这种特殊的环境中，一旦发生事故，其危害将是极其严重的，主要表现在以下几方面。

① 救援难度大。城市轨道交通系统的地下隧道部分运行空间狭窄，发生事故后，救援队伍和救援工具进出受限，容易耽误救援时机，救援难度大。

② 疏散难度大。城市轨道交通地下空间人员疏散困难，乘客在紧急情况下容易惊慌失措，相互拥挤而造成踩踏伤亡。

③ 烟气不易扩散。如果发生火灾，则产生的烟气不易扩散，在城市轨道交通相对封闭的空间内弥漫，容易造成人员窒息死亡。

所以，城市轨道交通运营管理中的安全管理非常重要，必须做好安全风险管理工作。

知识链接

全世界1990—2010年城市轨道交通运营安全事故

前事不忘，后事之师。表8-1中列出了全世界1990—2010年城市轨道交通运营安全事故。表中这些触目惊心的数字，为我们敲响了警钟，让我们时刻牢记“安全第一，预防为主”的城市轨道交通安全管理原则。

表8-1 全世界1990—2010年城市轨道交通运营安全事故一览表

事故类型	事故发生时间	事故发生地点	事故产生原因及后果
恐怖活动	2000年11月	德国杜塞尔多夫	车站炸弹袭击，9人受伤
	2001年8月	英国伦敦	地铁意外爆炸，6人受伤
	2001年9月	加拿大蒙特利尔	毒气袭击，40余人受伤
	2004年2月	俄罗斯莫斯科	自杀式爆炸袭击，40人死亡，134人受伤
	2004年8月	俄罗斯莫斯科	爆炸袭击，8人死亡，10人受伤
	2005年7月	英国伦敦	连环爆炸袭击，52人死亡，700余人受伤
自然灾害	2001年9月	中国台北	台风，台北捷运高架线路长时间停运
	2003年5月	日本仙台	地震，仙台地铁全线停运
	2007年7月	中国重庆	雷击，供电设备损坏，部分区间断电，部分线路停运达7 h
	2008年4月	中国上海	10级大风，上海轨道交通3号线限速运营0.5 h

续表

事故类型	事故发生时间	事故发生地点	事故产生原因及后果
火灾事故	1991 年 4 月	瑞士苏黎世	地铁机车电线短路，58 人受伤
	1994 年 6 月	中国台北	变电室火灾，3 名消防员受伤
	1995 年 10 月	阿塞拜疆巴库	机车电路故障，300 多人死亡，200 多人受伤
	2001 年 7 月	英国伦敦	列车撞击月台起火，32 人受伤
	2003 年 2 月	韩国大邱	人为纵火，198 人死亡，147 人受伤
	2004 年 1 月	中国香港	人为纵火，14 人受伤
	2006 年 7 月	美国芝加哥	脱轨起火，152 人受伤
水灾事故	2001 年 9 月	中国台北	台风带来暴雨和洪水，18 座车站淹水，地铁瘫痪
	2003 年 7 月	中国上海	施工隧道渗水，造成一幢民房坍塌，附近防汛墙开裂
	2005 年 4 月	中国上海	管道破裂渗水，导致车站一个出入口封闭超过 2 h，部分商铺受影响
	2007 年 8 月	美国纽约	暴雨导致地铁运输系统瘫痪
	2008 年 3 月	中国上海	泡沫塑料堵塞下水道，通道地面严重积水，4 部电梯停运，影响正常运行超过 2 h
	2008 年 7 月	中国北京	雨水倒灌入车站，停运 3 h
列车事故	2000 年 3 月	日本东京	列车脱轨，3 人死亡，40 多人受伤
	2000 年 6 月	美国纽约	列车脱轨，89 人受伤
	2003 年 1 月	英国伦敦	列车脱轨，32 人受伤
	2003 年 10 月	英国伦敦	列车脱轨，7 人受伤
	2004 年 11 月	美国华盛顿	列车相撞，20 人受伤
	2005 年 1 月	泰国曼谷	列车追尾，140 多人受伤
	2005 年 4 月	日本兵库尼崎	列车脱轨，107 人死亡，400 多人受伤
	2006 年 7 月	西班牙巴伦西亚	列车脱轨颠覆，41 人死亡，47 人受伤
	2006 年 10 月	意大利罗马	与站停列车追尾，1 人死亡，236 人受伤
	2007 年 7 月	委内瑞拉	列车追尾，1 人死亡，多人受伤
	2009 年 6 月	美国华盛顿	列车相撞，9 人死亡，76 人受伤
	2009 年 9 月	日本东京	列车相撞，29 万乘客受影响，停运约 6 h
	2009 年 10 月	法国巴黎	列车脱轨，36 人受伤
	2009 年 12 月	中国上海	列车相撞，50 万乘客受影响，停运约 4 h
停电事故	2003 年 8 月	英国伦敦	停电后，2/3 列车停运，25 万人被困在地铁中，许多地铁站被迫暂时关闭
	2007 年 10 月	日本东京	东京地铁大江户线突然停电，进而造成全线停止运行，1 300 人被困在列车中，10 人因身体不适被送医院治疗

任务8.2　识别城市轨道交通系统的危险源

子任务8.2.1　危险源的定义

定义：危险源是指可能造成人员伤害、职业病、财产损失、作业环境破坏或这些情况组合的根源或状态。

在城市轨道交通系统中，危险源指的是影响城市轨道交通正常运营、有可能造成人员伤亡、设备损坏的所有因素，涉及人员、设备、环境和管理各个方面。

由定义可见，城市轨道交通危险源的识别涉及员工的健康与安全、行车安全、设备安全、消防安全、交通安全、乘客及相关方安全、财产损失和列车延误等范畴。

子任务8.2.2　识别危及城市轨道交通运营安全的危险事件

城市轨道交通系统运营安全在世界上是非常突出且备受关注的问题。不同类别的事故，其产生的影响是不同的。

表8－2是在分析国内外城市轨道交通发生的各类事故的基础上，针对事故发生的次数、后果，给出了城市轨道交通主要危险事件的危险性，其中危险等级分为7级，第Ⅶ级危险度最高。

表8－2　城市轨道交通主要危险事件及其危险性

危险事件	可能发生位置	可能原因	后　果	危险等级
火灾、爆炸	列车上	车辆电路短路等列车故障； 车厢内可燃物着火； 未熄灭的烟头； 人为纵火	设备损失； 运营中断； 人员伤亡	Ⅳ
	车辆段	维修设备时违章作业； 电气火灾	设备损失； 人员伤亡	Ⅶ
	车站	车站内的电气设备故障； 乘客携带危险品、吸烟和吸烟后烟蒂随处乱扔等处置不当； 人为纵火； 站厅和通道内违规设置的商业网点发生火灾引起连锁火灾等	设备损失； 人员伤亡； 运营中断	Ⅳ
	隧道	隧道电缆着火； 隧道内电气设备故障起火； 隧道内可燃物着火	设备损失； 人员伤亡； 运营中断	Ⅶ
列车脱轨危险	列车运行中或试车作业时	车辆故障；列车超速；钢轨断裂；道岔伤损；异物侵界；驾驶员误操作	设备损失； 人员伤亡； 运营中断	Ⅳ～Ⅶ

续表

危险事件	可能发生位置	可能原因	后　果	危险等级
列车撞车危险	列车运行中或试车作业时	车辆故障；列车超速；驾驶员误操作；错办进路	设备损失；人员伤亡；运营中断	Ⅲ ~ Ⅳ
拥挤踩踏危险	列车上	紧急情况下疏散不利	人员伤亡；运营中断	Ⅳ ~ Ⅶ
	车站站台上	人员密集或突发事故时疏散通道有障碍物； 紧急情况下疏散不利		
中毒窒息危险	车站	火灾情况下，燃烧后产生有毒有害物质； 人为投毒或恐怖袭击	人员伤亡；运营中断	Ⅳ ~ Ⅶ
	列车上			
其他危险	列车上	车厢内灯管爆裂； 内侧玻璃意外脱落； 乘客手扶车门、上下车时机选择不当夹人	可能掉线或运营中断	Ⅰ ~ Ⅱ
	站台	扶梯夹人	人员伤害，不会影响运营	Ⅰ ~ Ⅱ
	第三轨	一路进线失压，母联未自投、开关跳闸； 整流器故障； 变压器故障； 走行轨异物短路； 走行轨同时接地短路； 水淹第三轨	运营中断，可能导致人员伤亡	Ⅲ
	外部	外部大范围停电		Ⅲ
	车站	动力照明停电	可能中断运营	Ⅰ
	车站、车辆、第三轨等处	车辆、变电所、配电室、电缆、第三轨及风机、水泵等设备由于设备缺陷、设计不周、防护不当等		Ⅰ ~ Ⅱ
	车站	暴雨、车站入口无防水设施		Ⅰ ~ Ⅱ

通过表 8 - 2 的危险性分析，可以得出以下结论。

① 城市轨道交通火灾、爆炸、列车脱轨、拥挤踩踏等危险事件，均可能导致灾难性或严重事故。

② 城市轨道交通火灾和人为恐怖事件的危险度最高。

③ 导致重大人员伤亡及列车中断运营事故主要发生在列车、电气、车站、钢轨上。

子任务 8.2.3　认识城市轨道交通三种运营状态的潜在危险

一般而言，城市轨道交通系统存在三种运营状态：正常运营状态、非正常运营状态和紧急运营状态，如图 8 - 1 所示。

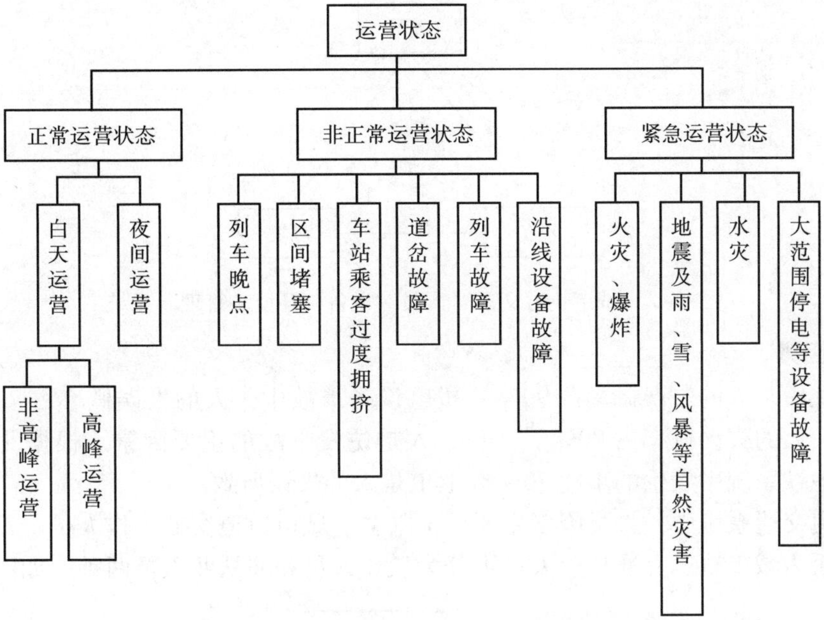

图8-1 城市轨道交通的三种运营状态

1. 正常运营状态

正常运营状态指列车白天和夜间的运营状态与运行图基本相符的状态。白天运营状态又分为高峰运营和非高峰运营。针对这两种运营状态，城市轨道交通系统又采取了不同的客运行车组织方案和运行管理模式。

2. 非正常运营状态

非正常运营状态指因各种原因造成了列车晚点、区间堵塞、车站乘客过度拥挤、道岔故障、列车故障、沿线设备故障等影响到正常的运营秩序的情况。经行车指挥系统按照应对方案及时进行调整，可在较短时间内使运营恢复正常，不会对乘客的人身安全造成影响。

3. 紧急运营状态

紧急运营状态指发生火灾、爆炸、水灾、地震及雨雪风暴等自然灾害、大范围停电等设备故障等，致使部分区间或全线无法运营的情况。在这种状态下，有可能出现人员伤亡的严重后果，必须采取紧急事故抢险措施自救、减灾和抢险。

子任务8.2.4 认识城市轨道交通运营管理中的四大风险因素

城市轨道交通运营系统与很多现实的社会系统一样，也是一个涉及人员、设备、环境、管理四大因素的大系统，如图8-2所示。

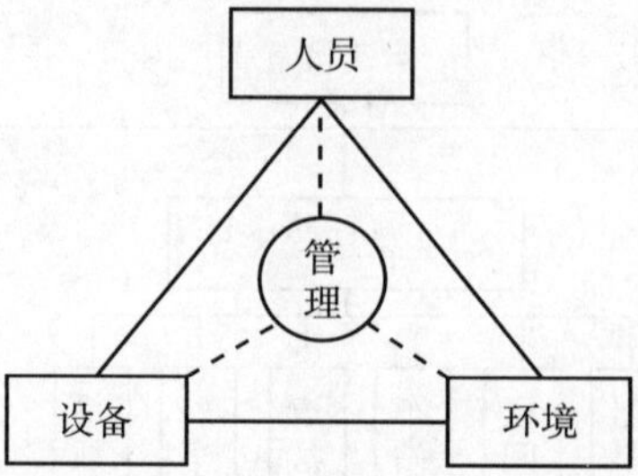

图 8－2　城市轨道交通“人员－设备－环境－管理”系统

1. 人员因素

交通系统中，人的失误概率占 90%；机电设备事故中，人的失误概率占 70%；城市生命线系统中，人的失误概率占 80%。可见，人是诱发事故的主要因素。根据北京地铁提供的资料，在地铁系统中发生的事故 70% 以上也是人的失误所致。

城市轨道交通系统中，人员因素主要包括乘客、城市轨道交通工作人员、其他相关方人员，根据是否为城市轨道交通从业人员可分为从业人员和非从业人员两种，如图 8－3 所示。

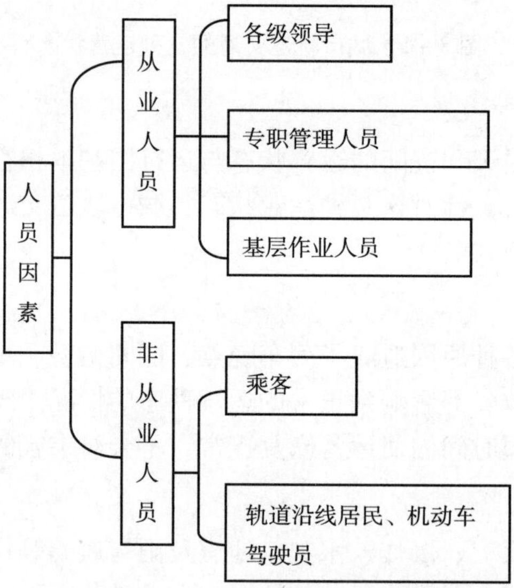

图 8－3　城市轨道交通人员因素

1）从业人员

从业人员包括系统内的各级领导、专职管理人员和基层作业人员，这些人的思想素质、业务素质、生理素质、心理素质、群体素质都会对城市轨道交通系统的安全产生影响。业务不熟练、工作不到位、思想麻痹大意，都会给城市轨道交通带来意想不到的灾难。

2）非从业人员

非从业人员主要包括乘客、轨道沿线居民、机动车驾驶员等，他们对于安全的态度及拥有的安全常识，对于城市轨道交通的安全也非常重要。他们的不安全行为可以导致不安全事件的发生，如携带易燃易爆危险物品乘车、跳下站台捡拾物品、嬉戏打闹、不小心坠落站台、在站台边晕倒、因为拥挤被挤下站台等，都会造成城市轨道交通的安全隐患。

城市轨道交通运营安全的人员因素影响主要体现在以上人员的行为上，如图8－4所示。

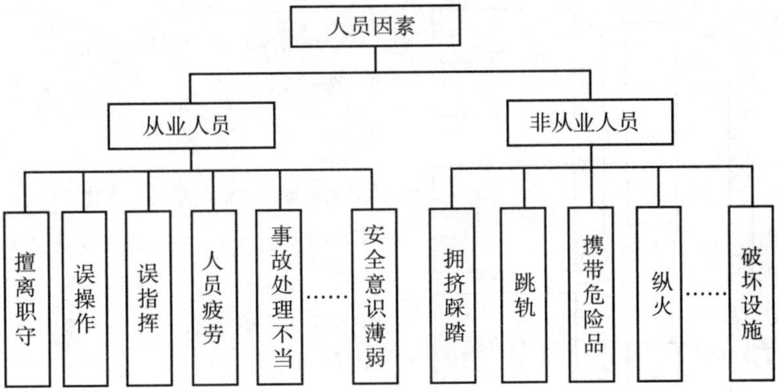

图8－4　各类人员有可能危及城市轨道交通运营安全的行为

2. 设备因素

城市轨道交通运营设备，是除人之外影响运营安全的另一个重要因素。质量良好的设备既是运营的物质基础，又是运营安全的重要保证。与运营安全有关的设备，包括以下两类。

1）运营基础设备

运营基础设备可分为固定设备和移动设备两类。

① 固定设备主要包括线路（路基路面、桥隧建筑物、轨道）、车站、信号设备（交通信号、联锁设备、闭塞设备）等。

② 移动设备主要包括电动车辆、通信设备等。

2）运营安全技术设备

运营安全技术设备包括安全监控设备、安全检测设备、自然灾害预报与防治设备、事故救援设备。

① 安全监控设备主要用于对运营系统员工操作正确性进行监督，防止在实际运营作业过程由于人的精力和体力出现不适而造成行车事故。

② 安全检测设备主要用于对各种运营基础设备的技术状态进行检测。

③ 自然灾害预报与防治设备主要用于对自然灾害进行预报和防治，如塌方报警装置、

地震报警系统、火灾报警系统等。

④ 事故救援设备主要用于对事故进行救援，如消防、抢修、排障等设备。

此外，城市轨道交通系统为乘客提供出行服务时，与乘客常常接触的是车站内的各种设施（如上下扶梯、自动售检票系统、休息座椅等）和车内的各种设施（如座位、各种信息设施、拉手等），这些设施的配置情况和服务水平也会影响到运营安全。

3. 环境因素

城市轨道交通系统的环境因素包括内部环境和外部环境两部分，具体如图 8－5 所示。

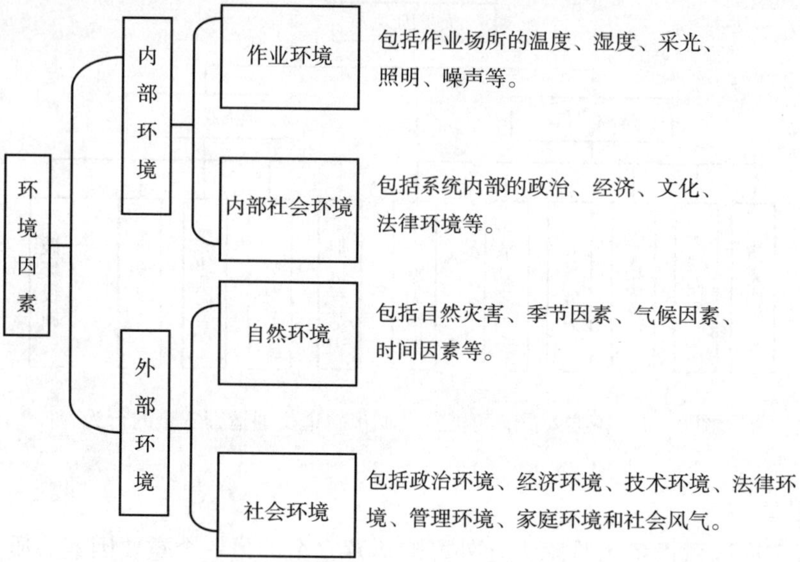

图 8－5　城市轨道交通的环境因素

1）内部环境

对于城市轨道交通而言，运营系统是一个非常复杂的宏观大系统，它是由系统硬件设备（包括运营基础设备和运营安全技术设备）、系统工作人员（运营系统内的各级管理人员和作业人员）、组织机构（管理机构、运营机构、维修机构等）及社会经济因素（政治、经济、文化、法律等）等互相作用而构成的社会－技术系统。内部环境不仅包括作业环境，还包括企业内部的社会环境。

2）外部环境

影响城市轨道交通运营安全的外部环境，包括自然环境和社会环境。

（1）自然环境

自然环境是指自然界提供的、人类一时尚难以改变的生产环境。自然环境对城市轨道交通运营安全的影响很大：运营线路暴露在大自然中，经常遭受洪水、雷电、台风、地震等自然灾害的威胁。在各种自然灾害中，最常见的是暴雨、洪水，严重影响运营安全，危害极大。此外，气候因素（风、雨、雷、电、雾、雪、冰等）、季节因素（春、夏、秋、冬）、时间因素（白天、黑夜），以及运营线路沿线的地形地貌等，也是不容忽视的事故因素。

小贴士：

对于城市轨道交通系统而言，常见的自然环境灾害因素包括台风、雷雨、大风、雷电、暴雨、高温、大雾、灰霾、冰雹、道路结冰、寒冷、地震等。

（2）社会环境

社会环境包括社会的政治环境、经济环境、技术环境、管理环境、法律环境，以及社会风气、家庭环境等，它们对运营安全均有不同程度的影响。影响最为直接的社会环境因素是运营线路沿线治安和站场秩序状况。

小贴士：

对于城市轨道交通系统而言，常见的社会环境灾害因素包括：毒气袭击、人为爆炸、人为纵火、劫持人质（列车）、聚众闹事、空袭事件等。

4. 管理因素

城市轨道交通运营安全管理，是指管理者按照安全运营的客观规律，对运营系统的人员、设备、环境等资源进行计划、组织、指挥、协调和控制，以达到减少或避免交通运营事故的目的。该定义包含以下五个方面的含义。

① 运营安全管理的目的是减少或避免交通运营事故及其损失。

② 运营安全管理的主体是城市轨道交通系统的各级管理人员。

③ 运营安全管理的对象是人员（基层作业人员）、设备（运输基础设备和运输安全技术设备等）、环境（内部环境、外部环境）等资源。

④ 运营安全管理的方法是计划、组织、指挥、协调和控制。

⑤ 运营安全管理的本质是充分发挥人的积极性和创造性，调动一切积极因素，促使各种矛盾向有利于运营安全方面转化。

影响运营安全的管理因素较多，主要有安全组织、安全法制、安全信息、安全技术、安全教育和安全资金等，如图8-6所示。

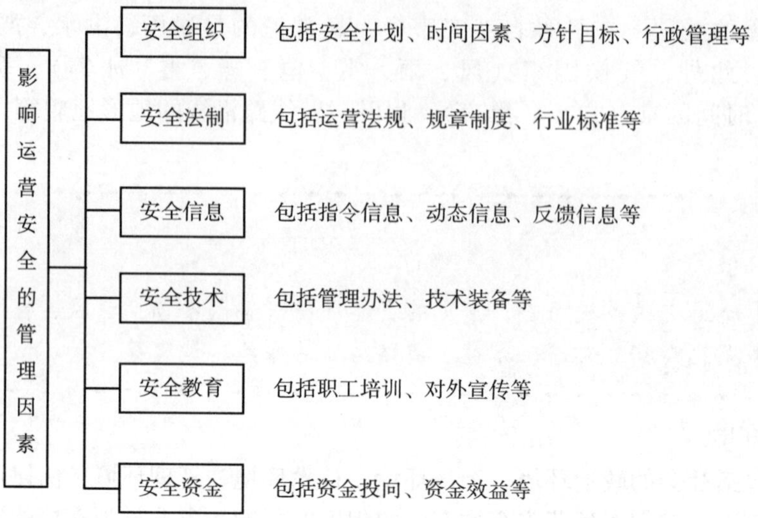

图 8-6　影响运营安全的管理因素

任务 8.3　了解城市轨道交通运营安全管理的基本内容

城市轨道交通系统的运营安全管理，是指配置在运营系统上，起保障运营安全作用的所有方法和手段的综合，其一方面要保证运营系统内人员和设备的安全性，另一方面要保证运营系统不会受到其外部环境的威胁。

从管理对象出发，可将运营安全管理的内容划分为 3 部分：①安全总体管理；②安全对象管理；③安全风险管理。

子任务 8.3.1　安全总体管理

定义：安全总体管理是针对“人员－设备－环境”系统整体的安全管理，其目的就是提出一定时期的运营安全要求，并构建根据目标运转的城市轨道交通安全“人员－设备－环境”控制系统。因此，总体安全管理主要包括安全组织、安全法规、安全技术、安全教育、安全信息及安全资金管理等。

1. 安全组织管理

安全组织管理是安全管理的实施主体，负责安全的组织领导、协调平衡、监督检查工作，使运输企业安全管理体制有效地正常运转，保证安全目标的实现。其主要内容包括安全计划管理和安全行政管理。

① 安全计划管理，负责运营安全的中长期规划和近期计划的编制，并组织实施，同时

还负责方针、目标和政策的制定与落实。

② 安全行政管理，包括各级安全管理机构的设置和职责划分，安全工作组织领导的原则和方法的确定，以及保证职工安全生产的组织手段，还包括安全劳动管理、职工生活管理、安全行为管理等。

2. 安全法规管理

安全法规管理的任务是严格遵循国家有关城市轨道交通运营安全的法律、法规等条文规定，对各种运输规章制度和作业标准进行研究、制定、修改、完善、贯彻和落实，使运营安全管理工作有法可依、有章可循，并做到违法必究、违章必究。其主要工作内容如下。

① 安全法规的建立健全。

② 安全法规的增加、废止。

3. 安全技术管理

安全技术管理的任务是正确执行国家有关技术政策、标准、规程和城市轨道交通主要技术政策，为运营安全提供可靠的技术依据和技术措施，充分发挥科学是第一生产力的作用，不断吸收现代科技先进成果，促进运营安全管理科技含量日益提高。由此可见，安全技术管理的工作内容如下。

① 对运营安全硬件技术设备的维护与管理。

② 对运营安全软技术的开发与应用。

4. 安全教育管理

为了实现运营安全，必须通过各种形式和方法，对城市轨道交通运营企业的从业人员和乘客等非从业人员进行安全教育。安全教育的主要内容如下。

① 安全思想教育。这是安全教育的重点所在，内容包括安全生产方针、政策、重要意义、劳动纪律、作业纪律、各项规章制度和典型事故案例教育等。通过正反两方面的教育，使基层作业人员和各级管理人员牢固树立“安全第一”的思想，强化“预防为主”的意识，正确处理好安全与效率、效益的关系。

② 安全知识教育。安全知识教育的目的是解决“应知”的问题。安全知识教育包括安全生产技术知识教育和安全管理知识教育。安全生产技术知识包括运营生产特点、安全特性、设备性能、各部门作业方法及规范要求、事故成因及预防等；安全管理知识教育包括运营安全管理体制和各部门安全管理体系的构成与运作、事故预测与预防、安全系统评价的基本原理和方法。

③ 安全技能教育。安全技能教育的目的是解决“应会”的问题。通过对作业人员进行长期、反复训练，使之把学到的安全知识转化为动手能力，训练内容主要包括岗位熟练操作、防止误操作和处理异常情况的技术、知识和能力。

④ 事故应急处理教育。事故应急处理教育的目的主要是提高员工的应急处理能力，一般应包括事故应急处理知识教育、自我保护和自救教育、事故现场保护方法教育和事故应急

处理演习等。通过上述教育，能有效防止事故损失扩大，为清理事故和迅速恢复正常运输秩序创造有利条件。

⑤ 非从业人员安全教育。对城市轨道交通系统外部人员进行的城市轨道交通知识、安全常识及安全法制宣传、教育也是安全教育管理的重要内容，应与地方政府配合进行。

5. 安全信息管理

定义：安全信息一般是指在运营生产过程中，对一切有利于安全生产的指令和系统安全状态的描述或反映。因此，安全信息既是安全管理的对象，又是安全管理的重要支持。

从某种意义上说，运营安全管理就是准确、及时、经济地收集、加工、传递、存储、检索、输出一切对运营安全有用、有利的信息，并运用于运营安全所需的安全指令信息、安全动态信息、安全反馈信息和其他先进的安全科技和管理信息。

① 安全指令信息，指各种运营安全法规和安全方针、政策、目标、计划和措施等。

② 安全动态信息，指在完成运营任务、执行指令信息过程中产生的正面和负面效应信息。

③ 安全反馈信息，指从执行指令信息结果获得，能反馈用来调整和控制安全生产的信息。

6. 安全资金管理

要搞好运营安全，必须有相应的安全资金保证。安全资金管理包括对保证运营安全所需资金的筹集、调拨、使用、结算、分配等，并对安全投资进行经济评价与经济分析，还需要进行财务监督。

子任务 8.3.2 安全对象管理

安全对象管理主要包括对人员、设备、环境及作业的安全管理。

1. 人员安全管理

对人员进行安全管理，重点要把握以下 4 种规律。

① 生产规律：针对关键时间、岗位、车次和人员，把安全教育工作做到运营全过程中去。

② 自然规律：根据风、雨、雾、霜、雪等天气和季节变化对运营生产和职工心理带来的影响，有预见地做好事故预想和预防工作。

③ 职工思想变化规律：对于社会条件和职工需求之间的矛盾，坚持以正面教育为主，及时疏通引导，协调关系，增强团结，确保安全生产形势稳定。

④ 人的生理心理规律：按照职工性别、年龄、体力和智力差异、及其在生产中担当工作的性质不同，加强对行车主要工种人员的选拔和管理。

2. 设备安全管理

设备安全管理的重点工作主要包括以下几方面。

① 加强对设备的养护、维修，加快设备更新速度，保证安全技术装备重点项目顺利实施，这是一项长期而艰巨的任务。

② 提高基础设备的安全管理水平，重点做好以下工作：

- 提高设备质量，加强设备管理，坚持定期检查制度，建立各种检查记录台账，立卡建档，定期保质保量地做好维修、保养和病害整治工作；
- 对设备的惯性故障、重点病害、严重隐患要集中力量加以整治，采取严密的安全防范制度和措施，杜绝简化检查、检测、维修作业程序现象的发生，确保运营安全；
- 对设备的养护维修，应坚持“预防为主、检修与保养并重、预防与整治相结合”的原则，处理好设备维修与运输生产的关系，正确合理地使用设备，提高操作技术和保养水平，防止超负荷、超范围、超性能地使用设备，使设备质量可靠稳定，逐步形成“修、管、用”良性循环的发展模式。

③ 提高基础设备的安全性能。合理规划线路大修换轨，努力提高线路质量，依靠科学技术加快对新型动车组的研制和使用，提高车辆制造和检修质量，切实改善通信及供电设备条件。

④ 提高安全技术设备的安全性能。

3. 环境安全管理

环境包括内部环境和外部环境两个部分。内部环境包括内部作业环境和由管理行为营造的内部社会环境，外部环境包括自然环境和外部社会环境。

在众多的环境影响因素中，内部作业环境和内部社会环境是可控的，而外部社会环境和自然环境是不可控的，但可以通过改善可控的内部小环境来适应不可控的外部大环境，其作用就在于保持良好的工作、作业和生活秩序，保障职工身心健康，保证运营安全。

改善内部环境的主要方法如下。

① 加强管理，改善内部社会环境条件。

② 大力改善作业环境。

4. 作业安全管理

运营安全管理的出发点和落脚点是现场作业安全管理。对现场作业进行安全管理的内容主要包括标准化作业、非正常情况下作业两种。

1）标准化作业

为确保正常情况下的运输安全，需要对城市轨道交通运营过程中的重复性作业制定标准，并通过标准的发布、实施来实现统一管理，只有在组织、制度、措施和监控等方面严格管理，才能使标准化作业得以实现并持之以恒。作业标准化是城市轨道交通在正常情况下安全运营的保障。

2）非正常情况下作业

非正常情况下，由于部分作业标准无法得到实施，不得不执行特殊规定，稍有不慎，极易造成事故。

非正常情况下的作业控制，主要是研究解决非正常情况下的作业控制问题，应该严格遵守有关作业标准和原则，还应该根据非正常情况下的作业特点，采取相应的措施和办法。

子任务 8.3.3 安全风险管理

定义：风险是指在某一特定环境下，在某一特定时间段内，某种损失发生的可能性。风险管理指通过风险界定、风险辨识、风险分析，从而有效地控制风险，用合理、经济的方法来综合处理风险，以实现安全生产的科学管理方法。

城市轨道交通运营安全风险管理可按以下六个步骤为一个周期，进行主动的闭环式的管理，如图 8－7 所示。

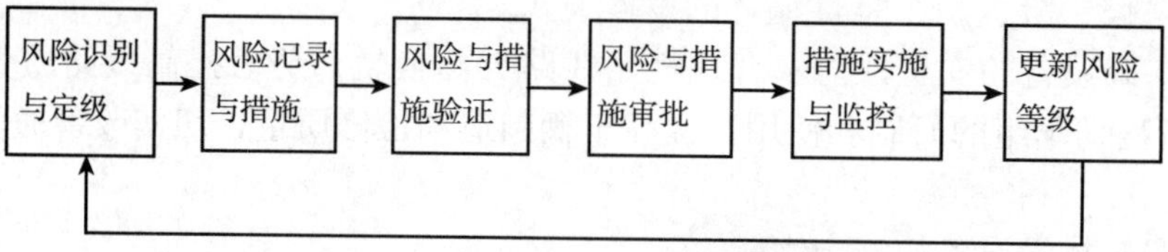

图 8－7 闭环式主动安全风险管理

风险评价的内容和范围包括运营单位覆盖范围内工作区域及其他相关范围内的生产经营活动、人员、设施等。城市轨道交通运营安全评价标准可参考国标《地铁运营安全评价标准》。

城市轨道交通运营中可采用以下方法控制重大风险。

① 在设计阶段考虑使用本质安全技术等安全措施。

② 在运营时期对需要重点控制的风险制定目标，提出有针对性的可量化的安全措施或方案，并加强对运营关键设备和岗位人员的管理。

由于运营的长期性、重复性和复杂性，必然导致安全风险的多变性。通过导入 ISO 9001 质量管理体系、ISO 14001 环境管理体系、OHSAS18001 职业健康安全管理体系三大体系，统一认证、统一管理，通过内部自查、外部审核的方法，制定安全生产、环保节能、职工健康等相关规程，在制度上主动与国际接轨，做到管理有章可循，生产有法可依。

任务 8.4 熟悉城市轨道交通安全管理的方针与手段

子任务 8.4.1 安全管理方针

“安全第一，预防为主”是我国城市轨道交通系统的安全管理方针。

“安全第一”要求运营企业在组织生产、指挥生产时，坚持把安全生产作为企业生存与发展的第一要务和保证条件。当安全与生产发生矛盾时，把安全放在第一位。

“预防为主”要求运输企业以主动积极的态度，从组织管理和技术措施上，增强安全保障系统的整体功能，把事故遏制在萌芽状态，做到防患于未然。

子任务8.4.2　安全管理手段

城市轨道交通运营安全管理手段主要有经济手段、行政手段、思想教育手段和法律手段。

1. 经济手段

定义：经济手段是当社会生产力发展水平不高、人们的思想觉悟和道德水准尚未达到高标准要求时，普遍用来协调平衡社会关系的一种重要手段。它是通过经济杠杆的作用，即利益分配和实行奖惩来调节的，属于刚性调节手段。

在城市轨道交通实际运营中，每一个人对完成运输任务所付出的劳动、做出的贡献是不同的，一旦发生人为事故，造成损失或影响生产任务完成时，这种差异更有质的区别。对成绩显著或防止事故有功的人员，应给予精神和物质奖励；对违章违纪或因违章违纪导致事故和事故苗头发生的人员，应给予经济上的处罚。

虽然实事求是、严肃认真、客观公正地用好经济调节手段，有利于促进广大职工自觉遵章守纪，激励他们勤学苦练，不断提高业务水平，形成人人尽心、个个尽责保安全的主动局面，但是经济上的奖励和处罚不是目的，它的作用主要是让人们从奖惩中明辨是非、对照比较、调整自我，使优良的风气得到鼓励和发扬，不良的风气受到批评和抵制，使安全和生产处于良性循环状态。

2. 行政手段

定义：行政手段是通过一定的行政隶属关系，从上而下地对运营活动中个人、群体和管理行为表示肯定和否定，用以协调人们之间的关系，使之保持相对的平衡。属于刚性调节手段。

行政手段依靠的是行政领导机关的职能和权力，通过行政命令、指示、规定、决定规范从业人员的行为，进而指导和干预城市轨道交通运营安全。

3. 思想教育手段

思想教育是安全管理中最经常运用的工作方法和手段，属于柔性手段。

从事故原因分析得知，除自然灾害和故意破坏外，大多数城市轨道交通运营事故都是由于少数人违章违纪造成的，主要原因是认识上的模糊和思想上的松懈，而这与思想教育工作密切相关。

因此，要搞好运营安全工作，必须加强从业人员的思想教育工作。要通过强有力的思想教育工作，使员工自觉地把本职工作与运营安全紧密结合起来，把本职工作做好，确保运营安全。

4. 法律手段

定义： 法律手段是法制社会中普遍用来调整社会关系的一种刚性手段。它通过法定的行为准则来判定是非并强制执行裁决，使社会关系趋于平衡，保证社会安定。

城市轨道交通系统安全管理的法律手段是在其他调节手段已不起作用或无法取代的情况下，用来解决比较复杂的关系和矛盾的。它是通过贯彻执行有关法律条文，规范人们安全生产和保护运营安全的行为，以达到维护法律尊严、保证安全运营的目的。

5. 各种手段的综合运用

综上所述，城市轨道交通运营安全管理手段可分为两类：刚性调节手段和柔性调节手段。经济手段、行政手段和法律手段都是必须遵守的刚性调节手段，思想教育属于柔性调节手段。

从调节的作用看，虽然经济、行政、思想教育和法律等手段各有不同，但也有使用上的局限性；从相互之间的关系看，各种管理手段都不是孤立的，更不是互相排斥的，而是紧密联系、相辅相成的，在实际工作中必须根据实际情况综合使用各种手段。因此，在运营安全管理工作中，只有综合运用好各种管理手段，理顺各种复杂关系，才能让广大职工的安全生产积极性和创造性得到更充分的发挥。

以经济手段为例，它是通过让职工在经济上得到实惠或受到损失，激励他们关心并做好本职工作。但这只对那些有较高物质利益要求的人起作用，对一些期望值超过奖励数额较多及对物质利益不太关心的人来说，就起不到应有的调节作用。如果操作不当，还会使一些人只顾眼前利益而忽视长远利益，故需要与思想教育等其他调节手段相配合。

任务 8.5　行车事故及其处理

定义： 凡因操作人员违反规章制度、违反劳动纪律和作业纪律，或者因设备不良及其他原因，在行车中造成人员伤亡、设备损坏、经济损失、影响正常行车或危及行车安全的，均构成行车事故。

子任务 8.5.1　行车事故的处理原则

事故的分析、调查、处理是事故发生后的重要环节，目的是为了及时恢复正常、找出事故发生的原因和形成机制，并制定相应的措施、方法与手段，减少和杜绝此类事故的再次发生。

处理行车事故时，一定要把握以下原则。

① 各相关部门处理行车事故时必须遵从“高度集中，统一指挥”的原则。

② 分级处理的原则。发生行车事故后，各相关部门应采取积极措施，迅速组织救援，

尽快恢复运营。根据发生事故的隶属关系和事故的等级分类，按照分级管理原则予以处理。

③ 坚持“先救人，后救物；先全面，后局部；先正线，后其他”的原则，优先组织人员疏散、伤员抢救，同时兼顾重点设备和环境的防护，将损失降至最低程度。

④ 应坚持“就近处理”的原则。行车事故发生时，在上一级行车事故处理负责人到达现场前，员工按表8－3规定担任现场临时行车事故处理负责人；在上一级行车事故处理负责人到达现场后，则由上一级行车事故处理负责人担任现场指挥。

表8－3 临时行车事故处理负责人

行车事故发生处所	临时行车事故处理负责人
区间列车上	本列司机
车站列车上	所在站值班站长
车站	所在站值班站长
区间线路上	行车调度员指定的车站值班站长
车场	车场调度
运营单位	现场附近最高职务的员工

⑤ 员工在行车事故处理过程中应兼顾现场的保护工作，以利于公安、消防和事件调查部门的现场取证。

提示：凡发生重特大安全生产事故的，由城市轨道交通安全管理部门或者配合上级有关部门调查处理。发生行车险性事故或涉及两个单位以上的一般事故，由城市轨道交通安全管理部门具体负责调查处理；发生行车的一般事故由各直属单位具体负责调查处理。

子任务8.5.2 行车事故的通报、处理与责任判定

1. 行车事故通报原则

车站及运营线路上发生突发事件后的请示报告工作，是降低各类损失、减少事故影响、缩短救援时间的重要环节。发生行车事故后，信息通报原则如下。

① 发生各类突发事件时，行车值班员应认真确认现场情况，迅速、准确、客观地向行车调度员报告。同时根据处置预案视不同情况向值班站长、站区领导及公安分局管界派出所报告。

② 逐级报告的原则。事故发生在区间时，列车司机应立即报告行车调度员。事故发生在车站内或车场内时，车站值班站长或车场调度员应立即报告行车调度员。发生人员伤亡、火灾、爆炸、毒气袭击、聚众闹事、劫持人质及其他恐怖活动等事故时，若需要报告119火警、120急救中心或110匪警，则由现场负责人或目击者在第一时间直接报告；如果无法直接报告，则应以尽快报告的原则，向就近的车站或控制中心（车场控制中心）或上级报告，再报告119火警、120急救中心或110匪警。

③ 现场情况一时难以判断清楚时，应遵循“先报整体情况，然后继续确认，随时报告”的原则。如发现已经报告的内容有误时，应立即予以更正。

④ 在迅速报告的基础上，应对现场情况及处置过程随时报告。

⑤ 履行报告程序时应避免对其他作业的影响。遇有处置预案未尽事宜时，应边请示报告边本着“尽力保证安全、尽量减少损失、尽快恢复运营”的原则开展处理工作。

⑥ 在突发事件处理过程中，有关人员必须坚守岗位，加强监护，及时掌握并报告各类相关信息，严禁擅自离开指定岗位。

2. 行车事故通报流程

发生行车事故后，信息通报流程如下。

① 发生立即需要外部支援的行车事故（如火灾、爆炸、人员伤亡等）时按就近处理原则进行通报：

- 如发生在车站或车场，现场人员有条件时应立即致电 110、120，车场调度或车站值班站长/行车值班员接到报告后应立即致电 110、120；
- 如发生在区间，行车调度员接现场人员报告或设备监控系统报警后，由行车调度员报 119、110、120；
- 如发生在区间的列车上，司机（接现场人员报告后）立即报告行车调度员，由行车调度员报 119、110、120。

② 控制中心所通知的外部支援是指城市轨道交通公安分局、公交公司、交通局、市应急处理机构等，由主任调度员决定通知范围。

③ 救援队、控制中心分别为各相关部门在行车事故信息报告流程中的代表，分别向本部门相关人员进行通报。

3. 行车事故通报内容

发生行车事故时，实行逐级通报，其内容如下。

① 发生时间（月、日、时、分）。

② 发生地点（区间、百米标和上下行正线）。

③ 列车车次、车组号、关系人员姓名、职务。

④ 事故概况及原因的初步判断。

⑤ 人员伤亡情况及机车车辆、线路等设备损坏情况。

⑥ 是否需要救援。

⑦ 是否影响邻线运行。

⑧ 其他必须说明的内容及要求。

4. 行车事故现场处理程序

① 行车事故调查处理小组（一般运营单位行车事故调查处理小组为非常设机构）负责人为事故处理现场的城市轨道交通运营单位的最高负责人，由其负责行车事故的现场统一

指挥。

② 发生行车事故时，控制中心在行车事故调查处理小组统一指挥下负责行车事故工作中的行车、电力和环控调度工作，承担事故信息集散功能，并按行车事故现场负责人的指令提供支持。

③ 行车事故救援队为事故现场处理的具体实施机构，接到行车事故发生的通报后，迅速赶赴现场，在行车事故调查处理小组的指挥下，负责实施事故现场处理并提供相关技术支持。

5. 行车事故责任判定原则

行车事故责任按责任程度分为全部责任、主要责任、次要责任。负全部责任、主要责任则影响本部门的安全成绩。发生行车事故后，责任判定原则如下。

① 因承办商在城市轨道交通内进行设备维修、施工而造成的行车事故，列为承办商责任事故。

② 各设备主管部门因设备质量等原因发生的事故一律统计在该部门的事故中，能确定责任的列责任事故，如不能确定为城市轨道交通部门责任的，则列非责任事故。

③ 运营单位批准的技术革新、科研科目进行试验时，在规定的试验期内，如试验的项目发生事故，不列行车责任事故。但由于违反操作规程及其他人为事故的，仍列责任事故。

④ 下列事故可列为非责任事故：

- 因自然灾害等原因使设备损坏造成行车事故的；
- 因人为破坏（经公安部门确认）造成行车事故的；
- 列车火灾、爆炸及线路上障碍物造成行车事故而判明非城市轨道交通部门责任的。

城市轨道交通运营公司安全管理部门应备有行车事故登记簿，详细记载各种行车事故的发生经过、原因及处理情况，定期分析总结，由各部门专兼职安全管理人员协助，对职工进行安全生产教育。

提示：为防止同类事故的再次发生，事故发生后一定要坚持“三不放过”原则，即事故原因分析不清楚不放过，责任人没有受到教育不放过，没有制定整改措施不放过。

子任务8.5.3　常见行车事故的应急处理

1. 大面积停电事故的应急处理

① 发生大面积停电事故时，工作人员应沉着镇静，稳定乘客情绪，维持秩序，尽力保证乘客安全。

② 控制中心根据停电影响情况，组织抢修抢险，发布列车停运、急救和车站关闭命令，并及时将灾情向上级报告。

③ 车站工作人员应加强检查紧急照明的启动情况，巡查各部位如升降电梯中是否有人员被困等，根据控制中心命令清站和关闭车站。

④ 列车司机负责维持列车运行，进站停车后组织车上乘客向车站疏散。如果列车在区间停车，则利用列车广播安抚乘客，要求乘客不擅自操作车上设备，并立即报告行车调度员，按行车调度指令操作。

2. 火灾的应急处理

城市轨道交通的火灾事故，发生地点不同，应急救援方法也不同。根据火灾发生地点的不同，可以分为三类：车站发生的火灾，列车在车站发生的火灾，列车在区间发生的火灾。各类火灾的应急救援措施如下。

1）车站发生火灾时的处理措施

车站发生火灾时，救援措施如下。

① 贯彻“救人第一，救人与灭火同步进行”的原则，积极施救。

② 车站工作人员应首先做好乘客的疏散、救护工作，应立即向乘客广播发生火灾情况，暂停列车服务，并指引车站乘客有序地进行疏散，撤离车站。同时，向控制中心报告，视火灾情况报 119 和 120。

③ 把握起火初期的关键时间，在消防员到来前积极组织灭火自救，同时关闭车站的各类电梯，救助受伤的乘客。消防员到场后，灭火任务应交给消防员。

④ 列车司机接到车站火灾通知后，听从行车调度员的指挥，并通过列车广播系统做好广播。

⑤ 控制中心接报后，立即启动车站火灾应急预案，扣住列车不能进入火灾车站，保持与司机和车站的联系，并视情况报 119 和 120。

小贴士：

在车站遇到火灾时，乘客应服从工作人员指挥，听从事故广播指引，沿疏散标志指示方向出站逃生，不能使用垂直升降电梯。

2）列车在车站发生火灾时的处理措施

列车在车站发生火灾时，救援措施如下。

① 司机开启客室门（屏蔽门）并通过列车广播安抚乘客，引导乘客疏散和使用列车的灭火器进行灭火自救，并确认火灾位置，向车站和控制中心报告。

② 车站接报后，立即广播通知乘客列车发生火灾情况，暂停列车服务。同时，组织人员进行灭火，引导乘客有序疏散，并视火灾情况报 119 和 120。

③ 控制中心接报后，立即启动列车火灾应急预案，控制好列车间的距离，保持与司机和车站的联系，并视情况报 119 和 120。

3）列车在区间（隧道）发生火灾时的处理措施

列车在区间发生火灾时，救援措施如下。

① 司机应尽量使列车保持运行至前方车站后，开门疏散乘客。

② 在运行途中，通过列车广播安抚乘客，引导乘客使用车厢内的灭火器进行灭火自救，并确认火灾位置，向车站和控制中心报告。

③ 如果列车在区间（隧道）不能运行，则应打开列车的逃生装置，引导乘客有序地往就近车站方向疏散。

④ 车站接报后，立即广播通知乘客，引导乘客进行紧急疏散，并安排人员前往事故列车接应司机，组织乘客疏散。

⑤ 控制中心接报后，立即启动列车火灾应急预案，控制好列车间的距离，保持与司机和车站的联系，并视情况报 119 和 120。

提示：如果是乘客第一时间发现车厢发生火灾，则应保持镇静，按压车厢内的紧急呼救按钮或紧急通话器，通知司机车厢内发生的情况。在可能的情况下，使用车载灭火器灭火。同时，应听从列车广播的指挥，千万不要惊慌失措，不要乱动车厢内其他设备。

子任务 8. 5. 4　行车事故的后期处理

行车事故的后期处理主要包括事故的分类、调查与处理、统计分析与总结报告等。

1. 事故的分类

参照《生产安全事故报告和调查处理条例》（中华人民共和国国务院令第 493 号），按照事故（事件）损失及对生产造成的影响和危害程度，分为特别重大事故、重大事故、较大事故、一般事故。

① 造成下列后果之一的为特别重大事故：死亡 30 人（含失踪）以上的；重伤 100 人以上的；直接经济损失 1 亿元（人民币，下同）以上的。

② 造成下列后果之一的为重大事故：死亡 10 人以上 30 人以下的；重伤 50 人以上 100 人以下的；直接经济损失 5 000 万元以上 1 亿元以下的。

③ 造成下列后果之一的为较大事故：死亡 3 人以上 10 人以下的；重伤 10 人以上 50 人以下的；直接经济损失 1 000 万元以上 5 000 万元以下的；一条或多条线路全线停运 12 h 以上 24 h 以下的。

④ 造成下列后果之一的为一般事故：死亡 1 人以上 3 人以下的；重伤 3 人以上 10 人以下的；直接经济损失在 100 万元以上 1 000 万元以下的。

对于线路停运造成的事故对生产造成的影响和危害程度，可参考《铁路交通事故应急救援和调查处理条例》。

2. 事故的调查与处理

事故的调查与处理要以事实为依据，以法律为准绳，按责任程度分为全部责任、主要责任、次要责任、一定责任、同等责任和无责任等。按责任关系分为直接责任、间接责任、管理责任，领导责任等。

3. 事故的统计分析与总结报告

事故的统计分为行车事故、设备事故（含供电事故）、工伤事故、火灾事故等。事故报告书，包括生产安全事故发生的经过、影响或损失、原因分析、定性定责、责任单位及人员处理、防范措施等。

思考与实训 8

思考题

思考并回答以下问题：

（1）为什么必须对城市轨道交通进行安全管理？

（2）什么是危险源？如何对危险源进行识别？

（3）城市轨道交通的危险因素有哪些？

（4）城市轨道交通有哪 3 种运行状态？简述各种状态下的危险源。

（5）简述影响城市轨道交通运营安全的 4 大风险因素。

（6）如何对城市轨道交通从业人员进行安全教育？

（7）如何对城市轨道交通非从业人员进行安全教育？

（8）简述城市轨道交通总体安全管理的内涵。

（9）如何进行设备安全管理？

（10）如何进行环境安全管理？

（11）城市轨道交通安全管理方针是什么？

（12）城市轨道交通常用安全管理手段有哪些？

（13）城市轨道交通发生火灾时应该如何处理？

（14）城市轨道交通发生大面积停电事故时应该如何处理？

（15）事故后期处理包括哪些内容？

实训任务

任务 1 城市轨道交通列车在隧道发生火灾，组织学生进行模拟应急处理。

提示：列车在隧道内运行时间十分短暂，且隧道内设备是不能燃烧的，列车的前后端各有一个应急疏散门。因此列车运行过程中若在隧道内发生火灾，应按以下原则处理。

① 尽量驶入前方车站，利用前方车站来疏散乘客。

② 如果列车不能驶入前方车站，必须在隧道区间疏散乘客时，如果车头着火，乘客从

车尾下车后步行至后方车站；如果车尾着火，乘客从前方车头下车后步行至前方车站；列车中部着火时，乘客从前后两端下车，步行至前后车站。

③ 隧道通风系统应该迅速启动，排放烟气，并向乘客提供新鲜空气，形成一定的迎面风速，诱导乘客安全撤离。

④ 本区间的列车应该立即终止运行，另一条隧道也应立即停止正常行车。

项目 9

城市轨道交通应急救援

项目导学

本项目中，首先介绍城市轨道交通应急救援的总体目标，然后介绍应急预案的层次结构和文件体系、应急救援体系的主要内容、应急救援原则和应急救援机构，最后介绍了城市轨道交通突发事件的应急处理，包括突发事件的分级标准、信息报告原则、应急响应机制，以及常见突发事件的处理方法。

教学目标

(1) 了解城市轨道交通应急救援的目标。
(2) 熟悉城市轨道交通应急预案的层次结构和应急预案的文件组成。
(3) 掌握应急救援体系的主要内容。
(4) 掌握突发事件的分级标准及各类突发事件的处理流程。
(5) 掌握突发事件的应急响应机制

建议学时

8 学时

任务9.1　了解应急救援的总体目标

城市轨道交通系统中通常会存在多种潜在的事故类型，例如地震、水灾、火灾、危险物质泄漏、放射性物质泄漏、恐怖袭击、大范围长时间停电等。所有这些不但都影响城市轨道交通的正常运营，而且还有可能会造成群死群伤的惨重后果，为运营企业造成重大经济损失，带来不良社会影响。为防患于未然，城市轨道交通运营企业必须制定应急预案，建立完善的应急救援体系。城市轨道交通系统救援体系的总目标有3个。

① 通过有效的救援行动，控制事态发展。

② 尽可能地降低事故后果（包括人员伤亡、财产损失、环境破坏），保障生命财产安全。

③ 尽快恢复正常运营。

这3个总目标也可以用防灾、减灾、救灾和灾后恢复来表示。其中，防灾的重点是建立应急预案，并对应急预案进行演练，在灾难来临时，临危不惧，从容面对。

任务9.2　熟悉应急预案的作用、层次结构和文件体系

定义：应急预案是针对具体设备、设施、场所和环境，在安全评价的基础上，为降低事故造成的人身、财产与环境损失，就事故发生后的应急救援机构和人员，应急救援的设备、设施、条件和环境，行动的步骤和纲领，控制事故发展的方法和程序等，预先做出的科学而有效的计划和安排。

子任务9.2.1　应急预案的作用

制定应急预案，是为了防患于未然，是为应急救援做前期准备。应急预案在应急管理中的重要作用和地位主要体现在以下几个方面。

① 明确应急救援的范围和体系，使应急准备和应急管理，尤其是培训和演习工作的开展有据可依、有章可循。

② 有利于及时作出应急响应，降低事故危害程度。

③ 通过编制基本应急预案，可保证应急预案具有足够的灵活性，对那些事先无法预料到的突发事件或事故，也可以起到基本的应急指导作用。针对特定危害编制专项应急预案，有针对性地制定应急措施，并进行专项应急准备和演习，可提高应急救援效率。

④ 当发生超过应急能力的重大事故时，便于与上级应急部门协调。

⑤ 有利于提高各级人员的风险防范意识。

子任务 9.2.2 应急预案的层次结构

城市轨道交通事故具有以下特点。

① 虽然各类事故的发生原因千差万别，但其导致的后果和产生的影响却大同小异。

② 虽然针对每一类事故的具体措施可能千差万别，但其应急资源是需要共享的。

所以，在针对多种事故类型进行应急预案的系统规划时，应保证各应急预案之间的协调一致，形成完整的应急预案文件体系，避免预案之间的矛盾和交叉。

制定应急预案时，为了保证各种类型预案之间的整体协调和层次清晰，实现共性与个性、通用性与专业性的结合，宜采用分层次的综合应急预案。

① 首先要制订出一个标准的综合应急预案，由这个综合应急预案，有效地应对各类事故所造成的共性影响。

② 在综合应急预案的基础上，针对各种可能发生的事故的危险源，以及不同事故的特点，如爆发速度、持续时间、范围和强度等，制定针对性强的专项应急预案，再根据各专项应急预案的发生现场特点制定现场处置预案，并明确事前、事发、事中、事后各相关部门和有关人员的职责。

综上，城市轨道交通应急预案的层次结构如图 9－1 所示。

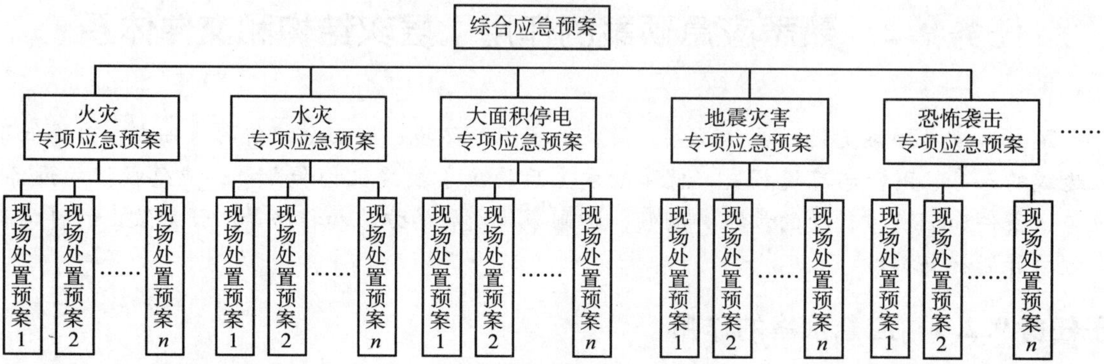

图 9－1　城市轨道交通应急预案的层次结构

1. 综合应急预案

综合应急预案是从总体上阐述事故的应急方针、政策，应急组织结构及相关应急职责，应急行动、措施和保障等基本要求和程序，是应对各类事故的综合性文件。

2. 专项应急预案

专项应急预案是针对具体的事故类别（如火灾、毒气、恐怖袭击等）、危险源和应急保障而制定的计划或方案，是综合应急预案的组成部分，应按照应急预案的程序和要求组织制定，并作为综合应急预案的附件。专项应急预案应制定明确的救援程序和具体的应急救援措施。

3. 现场处置预案

现场处置预案是针对具体的装置、场所或设施、岗位所制定的应急处置措施。现场处置预案应具体、简单、针对性强。现场处置预案应根据风险评估及危险性控制措施逐一编制，做到事故相关人员应知应会、熟练掌握，并通过应急演练，做到迅速反应、正确处置。

子任务9.2.3　应急预案的文件体系

综合应急预案、专项应急预案和现场处置预案由于各自所处的层次和适用的范围不同，其内容在详略程度和侧重点上也有所不同，但都可以采用基本结构类似的“1+4”级文件体系，如图9-2所示。这里的“1”代表基本预案，“4”代表预案支持文件，包括应急功能附件、特殊风险预案、标准操作程序、支持附件。即：

应急预案=基本预案+预案支持文件（应急功能附件+特殊风险预案+标准操作程序+支持附件）

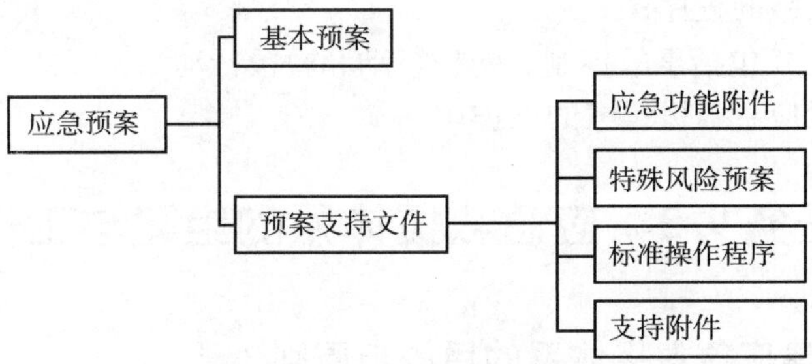

图9-2　应急预案的文件体系

1. 基本预案

基本预案是该项应急预案的总体描述，主要阐述应急预案需要应对的突发事件、应急组织体系、应急方针、应急资源、应急总体思路，并明确各应急组织在应急准备和应急行动中的职责，以及应急预案的演习和管理等。

2. 预案支持文件

1）应急功能附件

应急功能附件是针对在各类重大事故应急救援中通常都要采取的一系列基本应急行动和任务而编写的计划，如指挥、控制、警报、通信、人群疏散、人群安置、医疗等，并应明确每一应急功能针对的形势、目标、负责机构、支持机构、任务要求、应急准备和操作程序等。

2）特殊风险预案

特殊风险预案是在对城市轨道交通系统进行安全评价的基础上，针对每一种可能发生的重大风险事故，明确其主要负责部门、有关支持部门及各自职责，并为该类专项预案的制定提出特殊的要求和指导意见。

3）标准操作程序

标准操作程序用来规定在基本应急预案中没有给出的每一任务的实施细节。各个应急部门必须制定相应的标准操作程序，为组织或个人提供履行应急预案中规定的职责时所需的详细指导。注意，标准化操作程序应保证与应急预案协调一致。

4）支持附件

支持附件主要包括应急救援有关支持保障系统的描述及相关附图表，如城市轨道交通系统主要危险有害因素登记表、重大事故影响范围预测分析、应急机构及人员通信联络方式、消防设施分布、疏散线路图、媒体联络方式、相关医疗单位分布图、交通管制范围图等。

应急预案应包括以下主要内容：

① 应急资源的有效性、组织和利用；

② 事故的评估程序；

③ 指挥、协调和反应的组织结构；

④ 通报和通信联络的程序；

⑤ 应急反应行动（包括事故控制、防护行动和救援行动）；

⑥ 培训和演习及应急救援预案的维护。

任务 9.3　应急救援体系的组建与工作

子任务 9.3.1　组建应急救援体系的目的与原则

1. 组建应急救援体系的目的

组建城市轨道交通应急救援体系，其目的是为了能在发生突发事件时，按照应急预案采取积极有效的措施，为减灾、救灾和灾后恢复提供强有力的保障。

2. 组建应急救援体系的原则

在建设城市轨道交通应急救援体系时，必须统筹考虑，合理规划，坚持以下原则。

① 重点突出，准确反映城市轨道交通的主要重大事故风险。

② 合理组织各类预案，避免各类预案间相互孤立、交叉和矛盾，使任何可能发生的事故局部化，尽可能地消除、减少事故造成的人员伤亡和财产损失，尽快恢复交通。

子任务 9.3.2　应急救援体系的工作

在应急救援体系中，通常需要做好以下 6 方面的工作：事故预防、应急预案、应急救援系统、应急培训与演习、应急救援行动、事故的恢复与善后。

1）事故预防

事故的发生都是因为偏离正常生产条件而引起的，如果能事先确定在某些特定条件下会发生什么样的事故及其潜在后果，就可以利用相应手段减少事故的发生，或者减少事故对外界的影响。

预防事故要比发生事故后再纠正容易得多。因此，在城市轨道交通系统中通常采用以下事故预防措施。

① 新线设计及旧线改造中，必须设计必要的安全装置和设施，以提高城市轨道交通运营系统的安全程度。

② 建立操作规程、应急规程及相应的管理策略。

③ 对人员进行定期的培训，对设备进行定期的维护。

2）应急预案

应急预案准备阶段，主要做好以下工作。

① 发现并预测任何可能出现的紧急事故类型及其影响程度。

② 制定紧急状态下的反应行动，以提高准备程度。

③ 确保系统在紧急情况下能做到准备充分和通信通畅，从而保证决策和反应过程有条不紊。

④ 对人员进行培训并组织演习，定期更新应急预案和重新评价其有效性。

3）应急救援系统

从功能上讲，应急救援系统由应急指挥中心、事故现场指挥中心、支持保障中心、媒体中心和信息管理中心 5 个运作中心组成。要做到快速、有序、高效地处理紧急事故，需要应急救援系统中各个中心的协调努力，其运作程序可用图 9－3 表示。

4）应急培训与演习

应急培训与演习的目的主要有以下几个方面。

① 测试应急救援预案的充分程度。

② 测试应急培训的有效性和队员的熟练性。

③ 测试现有应急装置和设备供应的充分性。

④ 确定训练的类型和频率。

⑤ 提高与现场外应急部门的协调能力。

⑥ 通过训练来识别和改正应急预案的缺陷。

应急预案的演练一般分为桌面演练、功能演练和全面演练。对演练的效果应给出评价并提交演练报告，详细说明演练中存在的问题，其目的是通过演练及时发现问题，并进行改进完善，避免因预案不完善而导致事故的扩大化，从而确保预案的高效性。

5）应急救援行动

一个完善的应急救援体系，应能在事故和灾害发生时及时调动并合理利用应急资源（包括人力资源和物质设备资源）投入救援行动事故现场，针对事故灾害的具体情况，选择适当的应急对策和行动方案，及时有效地进行应急救援行动，使伤害和损失降低到最低程度和最小范围，并在最短时间内控制事故。

6）事故的恢复与善后

当应急阶段结束后，从紧急情况恢复到正常状态还需要时间、人员、资金和正确的指挥，这时对恢复和善后能力的预先估计将变得十分重要。通常情况下，重要的恢复和善后活动包括事故现场清理、恢复期间的管理、事故调查、现场的警戒与安全、安全和应急系统的恢复、人员的救助、法律问题的解决、损失状况的评估、保险与索赔、相关数据收集、公共关系等。

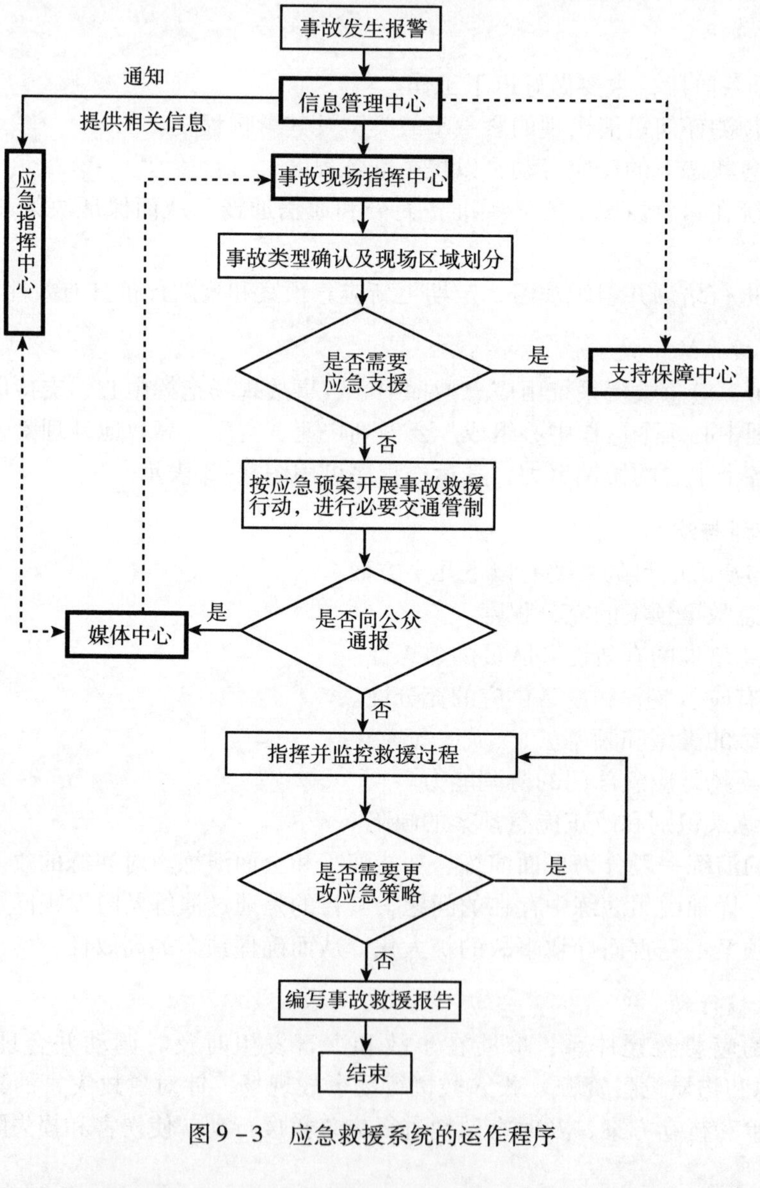

图 9－3 应急救援系统的运作程序

任务 9.4　了解应急救援原则与应急救援机构

子任务 9.4.1　应急救援原则

应急救援活动一般可分为应急准备、初级反应、扩大反应和应急恢复 4 个阶段。应急救援原则与这些应急活动密切相关。应急救援原则主要由统一指挥、分级响应、属地为主和公众动员 4 个基本原则组成。

①“统一指挥”是应急救援的最基本原则。应急指挥一般可分为集中指挥与现场指挥或场外指挥与场内指挥几种形式，但无论采用哪一种指挥形式，都必须实行统一指挥模式，无论应急救援活动涉及单位级别高低和隶属关系怎样，都必须在应急指挥部的统一组织协调下行动。

②“分级响应”是指在初级反应到扩大反应的过程中实行分级响应的机制。扩大或提高应急响应级别的主要依据是：

- 事故灾难的危险程度；
- 事故灾难的影响范围；
- 事故灾难的控制事态能力。

事故灾难的控制事态能力是响应级别升级的最基本条件，扩大应急救援主要是提高指挥级别、扩大应急范围等。

③“属地为主”是强调“第一反应”的思想和以现场应急现场指挥为主的原则。

④“公众动员”原则是应急原则的基础，也是最薄弱、最难以控制的环节。

子任务 9.4.2　应急救援机构的类型

城市轨道交通系统中，通常按照“属地为主，分工协作，应急处置”与“日常建设”相结合的原则建立应急救援机构。在应急处置过程中统一指挥、分级负责、科学决策，保证事故灾难信息的及时准确传递、事故快速有效处置，同时还要做到既保证常备不懈，又降低运行成本。

目前，城市轨道交通系统中主要有以下几类应急救援机构。

① 层级型：主要负责人为总负责，组建公司、部门两级应急系统。

② 联动型：负责人为总负责，将运营中发生的所有安全信息报城市轨道交通控制中心，由控制中心组成联动中心，统一指挥相关部门处置各类安全减灾及应急工作。

③ 专职型：建立专门应急救援管理指挥机构和专业应急救援队伍，内设信息管理、应急管理（抢险、指挥）、重大危险源管理三个职能部门，使应急救援工作贯穿于安全生产事

故的事前预防、事中应急、事后管理中，形成安全生产应急救援工作的一条较为完整的工作链和工作体制、机制。

任务 9.5　突发事件的应急处理

突发事件是指在城市轨道交通运营场所内，因不可预见的或不可控制的因素造成以下一种或几种后果，须立即处理的偶然性事件：

① 事态发展可能或已经导致人员伤亡；

② 严重影响城市轨道交通运营生产；

③ 需要依靠外部支援进行处理。

子任务 9.5.1　突发事件的分级标准

按照事件严重性和受影响程度，城市轨道交通运营突发事件分为特别重大、重大、较大和一般四级。

1. 特别重大运营突发事件

城市轨道交通特别重大运营突发事件是指事态非常复杂，运营秩序受到特别重大影响，已经或可能造成特别重大人员伤亡、财产损失或环境污染等后果的突发公共事件。特别重大运营突发事件应具备下列条件之一：

① 造成 30 人以上死亡；

② 造成 100 人以上重伤；

③ 直接经济损失 1 亿元以上。

提示： 初判发生特别重大运营突发事件时，启动Ⅰ级应急响应机制，由事发地省级人民政府负责应对工作。

2. 重大运营突发事件

城市轨道交通重大运营突发事件是指事态复杂，运营秩序受到重大影响，已经或可能造成重大人员伤亡、财产损失或环境污染等后果的突发公共事件。重大运营突发事件应具备下列条件之一：

① 造成 10 人以上 30 人以下死亡；

② 造成 50 人以上 100 人以下重伤；

③ 直接经济损失 5 000 万元以上 1 亿元以下；

④ 连续中断行车 24 小时以上。

提示： 初判发生重大运营突发事件时，启动Ⅱ级应急响应机制，由事发地省级人民政府负责应对工作。

3. 较大运营突发事件

城市轨道交通较大运营突发事件是指事态比较严重，城市轨道交通局部运营中断6~24小时，已经或者可能造成几十人规模的人员伤亡，可能产生5 000万元以下经济损失的突发公共事件。较大运营突发事件应具备下列条件之一：

① 造成3人以上10人以下死亡；

② 造成10人以上50人以下重伤；

③ 直接经济损失1 000万元以上5 000万元以下；

④ 连续中断行车6小时以上24小时以下。

提示：初判发生较大运营突发事件时，启动Ⅲ级应急响应，由事发地城市人民政府负责应对工作。

4. 一般运营突发事件

城市轨道交通一般运营突发事件是指事态比较简单，城市轨道交通局部运营中断2~6小时，已经或者可能有极个别伤亡，产生1 000万元以下经济损失的突发公共事件。一般运营突发事件应具备下列条件之一：

① 造成3人以下死亡；

② 造成10人以下重伤；

③ 直接经济损失50万元以上1 000万元以下；

④ 连续中断行车2小时以上6小时以下。

提示：初判发生一般运营突发事件时，启动Ⅳ级应急响应，由事发地城市人民政府负责应对工作。

小贴士：上述分级标准有关数量的表述中，“以上”含本数，“以下”不含本数。

子任务9.5.2 突发事件的信息报告原则

发生突发事件后，请示报告是降低各类损失、减少事故影响、缩短救援时间的重要环节。城市轨道交通发生突发事件时，信息报告原则如下。

① 运营突发事件发生后，运营单位应当立即向当地城市轨道交通运营主管部门和相关部门报告，同时通告可能受到影响的单位和乘客。

② 事发地城市轨道交通运营主管部门接到运营突发事件信息报告或者监测到相关信息后，应当立即进行核实，对运营突发事件的性质和类别作出初步认定，按照国家规定的时限、程序和要求向上级城市轨道交通运营主管部门和同级人民政府报告，并通报同级其他相关部门和单位。

③ 运营突发事件已经或者可能涉及相邻行政区域的，事发地城市轨道交通运营主管部门应当及时通报相邻区域城市轨道交通运营主管部门。

④ 事发地城市及以上地方各级人民政府、城市轨道交通运营主管部门应当按照有关规定逐级上报，必要时可越级上报。

⑤ 对初判为重大以上的运营突发事件，省级人民政府和交通运输部要立即向国务院报告。

突发事件的信息报告流程如图 9－4 所示。

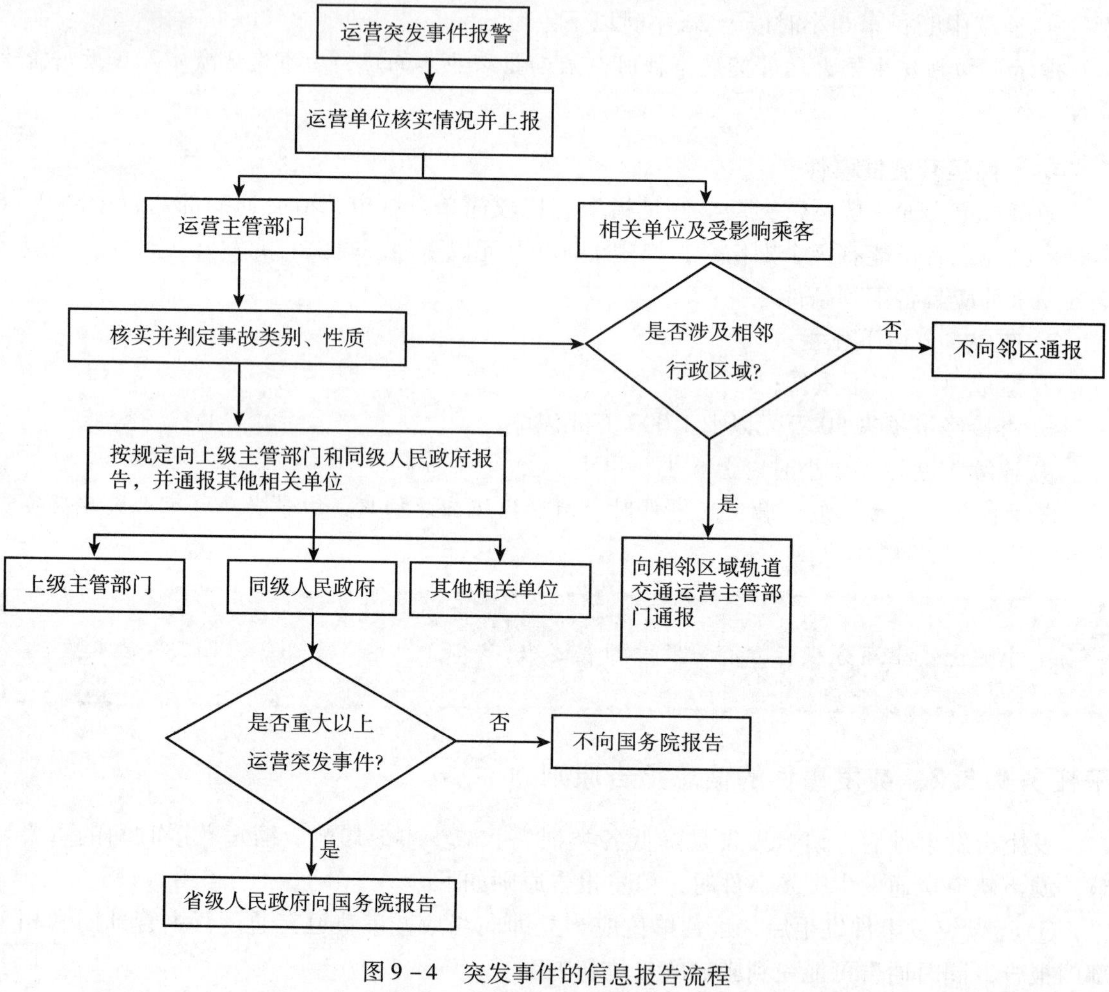

图 9－4　突发事件的信息报告流程

子任务 9.5.3　突发事件的应急响应机制

为了对城市轨道交通突发事件进行快速响应，根据突发事件的级别，对突发事件进行应急响应。突发事件的应急响应流程如图9－5所示。

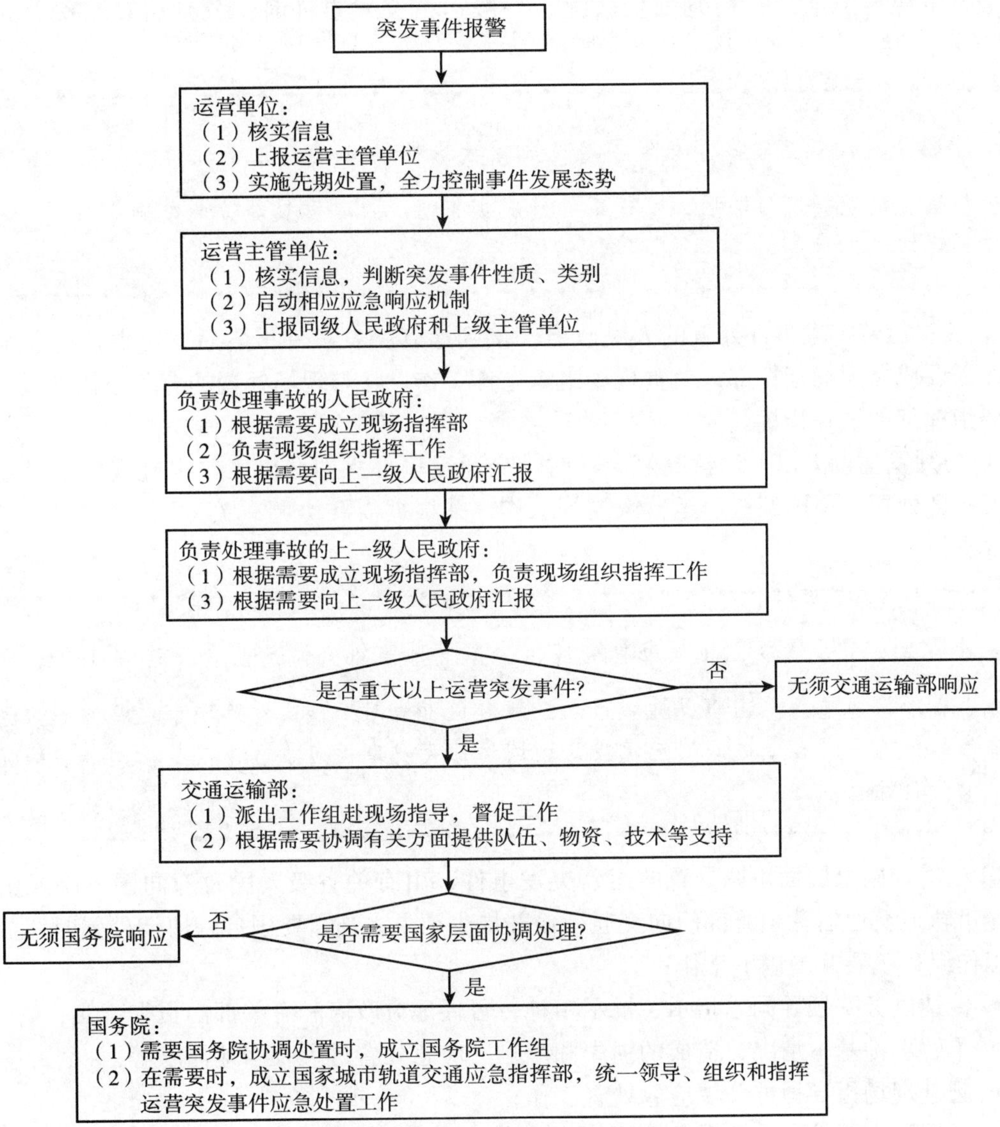

图9－5 突发事件的应急响应流程

应急响应机制如下。

① 运营单位是运营突发事件应对工作的责任主体，运营突发事件发生后，运营单位应立即实施先期处置，全力控制事件发展态势，同时向当地城市轨道交通运营主管部门和相关部门报告，并通告可能受到影响的单位和乘客。

② 事发地城市轨道交通运营主管部门对接到运营突发事件信息进行核实，对运营突

发事件的性质和类别作出初步认定，初判发生特别重大、重大运营突发事件时，分别启动Ⅰ级、Ⅱ级应急响应；初判发生较大、一般运营突发事件时，分别启动Ⅲ级、Ⅳ级应急响应。

小贴士： 运营突发事件发生在易造成重大影响的地区或重要时段时，可适当提高响应级别。应急响应启动后，可视事件造成损失情况及其发展趋势调整响应级别，避免响应不足或响应过度。

③ 负责运营突发事件处置的人民政府，接到运营突发事件报告后，应根据应急响应级别，按需要成立现场指挥部，负责现场组织指挥工作。参与现场处置的有关单位和人员应服从现场指挥部的统一指挥。

④ 初判发生重大以上运营突发事件时，交通运输部立即派出工作组赴现场指导督促当地开展应急处置、原因调查、运营恢复等工作，并根据需要协调有关方面提供队伍、物资、技术等支持。

小贴士： 对于Ⅰ级、Ⅱ级应急响应，由事发地省级人民政府负责应对工作；对于Ⅲ级、Ⅳ级应急响应，由事发地城市人民政府负责应对工作；对跨城市运营的城市轨道交通线路，有关城市人民政府应建立跨区域运营突发事件应急合作机制，明确各级应急响应的责任主体。

⑤ 当需要国家层面协调处置的运营突发事件，由有关省级人民政府向国务院或由有关省级城市轨道交通运营主管部门向交通运输部提出请求。当需要国务院协调处置时，成立国务院工作组，主要开展以下工作：

- 传达国务院领导同志指示、批示精神，督促地方政府和有关部门贯彻落实；
- 了解事件基本情况、造成的损失和影响、应急处置进展及当地需求等；
- 赶赴现场指导地方开展应急处置工作；
- 根据地方请求，协调有关方面派出应急队伍、调运应急物资和装备、安排专家和技术人员等，为应急处置提供支援和技术支持；
- 指导开展事件原因调查工作；
- 及时向国务院报告相关情况。

⑥ 根据事件应对工作需要和国务院决策部署，在需要时，成立国家城市轨道交通应急指挥部，统一领导、组织和指挥运营突发事件应急处置工作，主要开展以下工作：

- 组织有关部门和单位、专家组进行会商，研究分析事态，部署应急处置工作；

- 根据需要赴事发现场，或派出前方工作组赴事发现场，协调开展应对工作；
- 研究决定地方人民政府和有关部门提出的请求事项，重要事项报国务院决策；
- 统一组织信息发布和舆论引导工作；
- 对事件处置工作进行总结并报告国务院。

子任务9.5.4 突发事件的应急响应措施

发生突发事件后，按照“统一领导、属地负责，条块结合、协调联动，快速反应、科学处置”的原则，运营单位应该立即实施先期处置，全力控制事件发展态势。各有关地方、部门和单位根据工作需要进行配合。应急响应措施如下。

① 人员搜救。调派专业力量和装备，在运营突发事件现场开展以抢救人员生命为主的应急救援工作。现场救援队伍之间要加强衔接和配合，做好自身安全防护。

② 现场疏散。按照预先制订的紧急疏导疏散方案，有组织、有秩序地迅速引导现场人员撤离事发地点，疏散受影响城市轨道交通沿线站点乘客至城市轨道交通车站出口；对城市轨道交通线路实施分区封控、警戒，阻止乘客及无关人员进入。

③ 乘客转运。根据疏散乘客数量和发生运营突发事件的城市轨道交通线路运行方向，及时调整城市公共交通路网客运组织，利用城市轨道交通其余正常运营线路，调配地面公共交通车辆运输，加大发车密度，做好乘客的转运工作。

④ 交通疏导。设置交通封控区，对事发地点周边交通秩序进行维护疏导，防止发生大范围交通瘫痪；开通绿色通道，为应急车辆提供通行保障。

⑤ 医学救援。迅速组织当地医疗资源和力量，对伤病员进行诊断治疗，根据需要及时、安全地将重症伤病员转运到有条件的医疗机构加强救治。视情增派医疗卫生专家和卫生应急队伍、调配急需医药物资，支持事发地的医学救援工作。提出保护公众健康的措施建议，做好伤病员的心理援助。

⑥ 抢修抢险。组织相关专业技术力量，开展设施设备等抢修作业，及时排除故障；组织土建线路抢险队伍，开展土建设施、轨道线路等抢险作业；组织车辆抢险队伍，开展列车抢险作业；组织机电设备抢险队伍，开展供电、通信、信号等抢险作业。

⑦ 维护社会稳定。根据事件影响范围、程度，划定警戒区，做好事发现场及周边环境的保护和警戒，维护治安秩序；严厉打击借机传播谣言制造社会恐慌等违法犯罪行为；做好各类矛盾纠纷化解和法律服务工作，防止出现群体性事件，维护社会稳定。

⑧ 信息发布和舆论引导。通过政府授权发布、发新闻稿、接受记者采访、举行新闻发布会、组织专家解读等方式，借助电视、广播、报纸、互联网等多种途径，运用微博、微信、手机应用程序（App）客户端等新媒体平台，主动、及时、准确、客观地向社会持续动态发布运营突发事件和应对工作信息，回应社会关切，澄清不实信息，正确引导社会舆论。

小贴士：

信息发布内容应包括事件时间、地点、原因、性质、伤亡情况、应对措施、救援进展、公众需要配合采取的措施、事件区域交通管制情况和临时交通措施等。

⑨ 运营恢复。在运营突发事件现场处理完毕、次生灾害后果基本消除后，及时组织评估；当确认具备运营条件后，运营单位应尽快恢复正常运营。

思考与实训 9

思考题

思考并回答以下问题：

（1）为什么要制定应急预案？

（2）应急预案为什么要采用层次结构？

（3）应急预案通常采用“1+4”的结构，“1”代表什么？“4”代表什么？

（4）应急救援体系由哪 6 个方面组成？

（5）城市轨道交通应急救援的原则是什么？

（6）城市轨道交通应急救援机构有几种？各有什么特点？

（7）简述城市轨道交通突发事件的分级标准。

（8）突发事件的责任主体是哪个部门？哪个部门负责启动应急响应机制？

（9）发生几级突发事件时需要向国务院汇报？由哪个部门负责汇报？

（10）发生突发事件时，城市轨道交通主管部门负责什么工作？

（11）发生突发事件时，在什么情况下，需要交通部成立工作组？

实训任务

任务 1 2015 年 4 月 14 日，国务院办公厅印发修订后的《国家城市轨道交通运营突发事件应急预案》，仔细研读新的应急预案，并与 2005 年实施的《国家城市轨道交通运营突发事件应急预案》比较，看看在哪些方面进行了完善，写一份报告，以 PPT 的形式展示。

提示：新版《国家城市轨道交通运营突发事件应急预案》主要从 6 方面对旧版应急预案进行了完善，要在 PPT 中重点展示这 6 个方面。

项目 10

城市轨道交通运营服务水平评价

项目导学

本项目中，首先学习城市轨道交通运营服务水平评价的概念，然后介绍评价城市轨道交通运营服务水平的指标体系及关键指标，最后介绍如何进行乘客满意度评价，包括乘客满意度的内涵、乘客满意度评价原则、乘客满意度评价流程和方法。

教学目标

（1）了解城市轨道交通运营服务水平评价的概念。

（2）熟悉评价城市轨道交通运营服务水平的评价种类指标。

（3）掌握乘客满意度的内涵。

（4）了解乘客满意度测评流程。

（5）了解乘客满意度测评指标体系。

建议学时

4 学时

任务 10.1 了解城市轨道交通运营服务水平评价的定义

定义： 城市轨道交通运营服务水平评价就是通过定性或定量的方法，了解乘客对服务水平的期望，并将其与已提供的服务水平进行比较，找出其中的差距，为进一步提高运营服务水平奠定基础。运营服务水平评价的最终目的是在追求乘客满意和忠诚的同时，减少服务差错和弥补服务缺陷。

从以上定义看出，城市轨道交通运营服务水平评价主要涉及以下几方面：

① 调查乘客对服务水平的期望；

② 调查城市轨道交通运营企业实际提供的服务水平；

③ 选择合适的服务水平评价方法；

④ 从乘客期望与实际提供服务的比较中寻找差距，提高运营服务水平。

城市轨道交通运营企业的经营目的是在满足乘客需求的基础上取得经济效益，只有乘客满意，企业才能得以生存和发展。因此了解城市轨道交通的运营现状及乘客对运营服务的需求是运营服务水平评价的核心。

任务 10.2 熟悉评价城市轨道交通运营服务水平的指标

为对城市轨道交通运营服务水平进行评价，必须先确定一系列的评价指标，构成运营指标体系。虽然不同的评价方法使用的指标不尽相同，但基本都包括基础指标、运行指标、财务指标、客服指标等，如表 10－1 所示。

表 10－1 常用城市轨道交通运营服务评价指标

指标分类	指标名称	计算公式/（单位）
基础指标	线网公里数	运营公里数/（km）
	运营站点	运营站点/（个）
	日均总客流	日均总客流乘次/（百万人次/日）
	车公里总数	正常运行车次×线网公里数/（公里/年）
	平均票价	总票务收入/总付费乘次/（元/人次）

续表

指标分类	指标名称	计算公式(单位)
运行指标	运行图兑现率	计划内实际运行车次/运营图计划运行车次/(%)
	延误率	晚点运行车次/总运行车次/(%)
	正点率	正点运行车次/总运行车次/(%)
	设备故障率	每月设备故障总次数/每月总客流乘次/(台次/百万人次)
	设备停用率	每月设备故障总次数/每月总客流乘次/(台时/百万人次)
	一般安全事故率	每年一般安全事故次数/每年总客流乘次/(次/百万人次)
	险性安全事故率	每年险性安全事故次数/每年总客流乘次/(次/百万人次)
	较大安全事故率	每年较大安全事故次数/每年总客流乘次/(次/百万人次)
	事故伤(亡)率	每年因安全事故伤(亡)人次/每年总客流乘次/(人次/百万人次))
财务指标	总收入	年度总收入/(百万元/年)
	总票务收入	年度总付费客运收入/(百万元/年)
	总运营成本	年度计入运营核算的总成本/(百万元/年)
	车公里收入	年度总付费客运收入/(正常运行车次×线网公里数)/(百万元/车公里)
	车公里成本	年度总运营成本/(正常运行车次×线网公里数)/(百万元/车公里)
客服指标	乘客满意度	综合计算
	乘客满意率	满意度标准以上样本/总样本/(%)

1. 基础指标

基础指标是反映城市轨道交通基本状况的指标，包括路网状况、客流状况及票价。

① 线网公里数、运营站点反映的是城市轨道交通的线路硬件条件，由线网规模决定。

② 日均总客流是反映乘坐城市轨道交通人数多少的指标，即每日有多少人次搭乘城市轨道交通。

③ 车公里总数与路网规模和日均客流量有关，路网规模越大，日均客流量越大，则车公里总数越大。

④ 平均票价由城市轨道交通的票制决定。如果采用固定票价，则平均票价与运营里程无关；如果采用里程票价，则平均票价与定价策略和路网规模有关，由城市轨道交通的线网规模和城市布局决定。

2. 运行指标

运行指标与行车组织质量、设备质量等有关。其中，行车组织质量对运行图兑现率、延误率、正点率等几个指标影响较大；设备质量对设备故障率、设备停用率及各类安全事故率影响较大。运行指标直接影响乘客的乘车体验，对乘客满意度的影响最为直接。

3. 财务指标

财务指标反映的是城市轨道交通运营企业的营利能力，由成本指标与收入指标共同决定。收入指标与票制、客流量有关，成本指标则由城市轨道交通运营企业的运营机制决定。

4. 客服指标

客服指标是由城市轨道交通运营企业提供的客运服务水平和乘客对该服务水平的感知共同决定的，直接影响到城市轨道交通系统的客流吸引力，间接影响到城市轨道交通运营企业的运营效益。

任务 10.3　划分城市轨道交通运营服务水平评价类别

评价主体不同，评价的侧重点也不同。按评价主体划分，城市轨道交通运营服务水平评价可分政府评价、社会评价、企业评价和乘客评价 4 种。

① 政府评价：主要针对城市轨道交通运营企业的管理及运营，侧重于企业所提供的服务水平，并对企业的等级进行划分。

② 社会评价：主要侧重于企业所树立的社会形象和整体服务水平的辨识及评估，评价主体包括各类社会群体，如乘客、社会媒体、行业管理机构等。

③ 企业评价：主要是通过员工调查评价企业的内部服务水平，显示内部规章制度对服务水平的控制能力。

④ 乘客评价：主要是乘客根据实际的交通服务消费体验对城市轨道交通服务水平进行综合评价，其中最具影响力的评价指标是乘客满意度。

任务 10.4　乘客满意度评价

满意度测评法是目前广泛应用的一种服务水平评价方法。其以顾客为评价主体，通过顾客对服务水平的感知来对服务质量进行评价，是一种站在顾客角度实施评价的测评方法。对于城市轨道交通运营企业来说，顾客即乘客，顾客满意度就是乘客满意度。

子任务 10.4.1　乘客满意度的内涵

定义： 乘客满意度是指乘客事后感知的结果与事前的期望之间作比较后的一种差异函数。它的关键内容有两个：首先要成功理解乘客的需求，其次是努力满足其需求。

乘客满意度是衡量出行质量和服务质量的一种综合性指标，是衡量城市轨道交通运营企业经营业绩的一个效益性指标。乘客满意与否，取决于乘客的感知与乘客的期望相比之后的体验。通常，乘客的这种比较会产生三种感受（如图10－1所示）。

① 当感知低于期望时，乘客会感到不满意，甚至会产生抱怨或投诉；如果对乘客的抱怨采取积极措施妥善解决，就有可能使之由不满意转为满意，直至成为忠实的乘客。

② 当乘客感知接近期望时，乘客会感到满意。

③ 当感知远远超过期望时，乘客就会从满意产生忠诚。

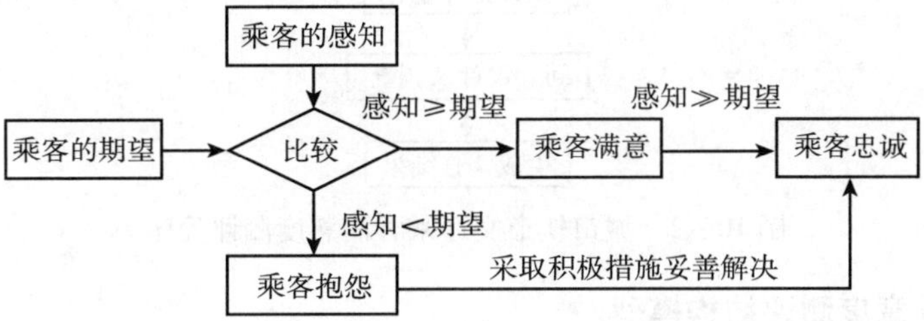

图10－1　乘客通过比较产生的三种感受

城市轨道交通乘客的乘车满意度包括站服务满意度、列车服务满意度，主要表现为乘客对城市轨道交通站、列车服务的满意程度的心理感受。

子任务10.4.2　乘客满意度测评原则

进行乘客满意度测评时，应该遵守以下原则。

① 轨道交通乘客满意度评价，一般应包括运营服务在日常表现中的所有方面，如列车的运行质量、设备的运作状态、人员的精神面貌及服务技能、指引系统的完善程度、信息宣传的有效性等，涉及运营服务水平评价指标的方方面面。

② 评价要有高度的代表性，应将全面的服务要素纳入整个评价体系中，并通过预测量的方式，计算各个要素是否能够完整描述整个轨道交通运营服务的状态。

③ 应采用科学、合理的调研、统计方法，进行调研组织。应对调研的技术参数进行适当的选取和调整，如在样本选择方面，既要确保足够的样本量，又必须加以目标群体的细分。

④ 城市轨道交通运营单位在追求乘客满意度提升的同时，应设定一个满意度区间，以区别乘客满意度是否过高、较为合理、可接受或不可容忍，从而把乘客满意度控制在合理水平。

子任务10.4.3　乘客满意度测评程序

城市轨道交通乘客满意度测评程序如图10－2所示。

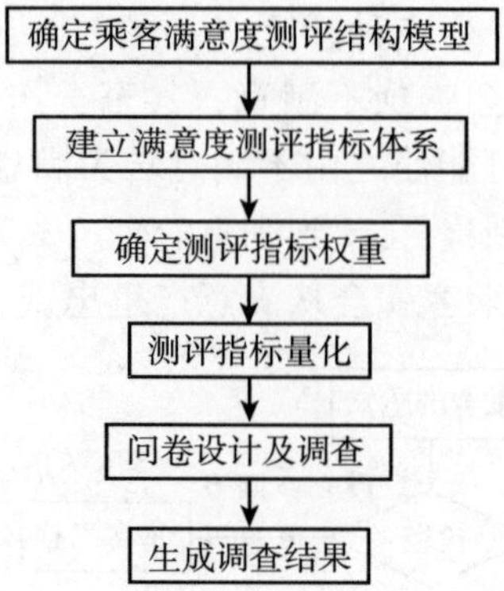

图 10－2　城市轨道交通乘客满意度测评程序

1. 确定乘客满意度测评结构模型

根据乘客在购买及消费城市轨道交通服务过程中满意度形成的因果关系，确定城市轨道交通服务满意度测评结构模型。测评结构模型可以在对国内外顾客满意度模型进行分析的基础上设定。

2. 建立满意度测评指标体系

建立指标体系是乘客满意度测评的核心部分，在很大程度上决定了测评结果的有效性、可靠性。影响乘客满意度的因素很多，包括乘客的感知质量、预期质量、感知价值、满意度、抱怨、忠诚度等。其中有些因素难以直接测量，所以需要进行逐级展开，直到形成一系列具有可操作性的测评指标体系，如表 10－2 所示。

表 10－2　城市轨道交通乘客满意度测评指标体系

一级指标	二级指标	三级指标	四级指标
乘客满意度指标	企业/品牌形象	品牌辨别度	乘客对城市轨道交通企业或品牌的辨识度
	感知质量	便捷性	（1）进出站时间 （2）购票时间 （3）上下车时间 （4）列车运行速度 （5）列车发车间隔 （6）首末车时间 （7）不同城市轨道交通线路间换乘（时间或距离） （8）城市轨道交通与公交间换乘（时间或距离）
		舒适性	（1）高峰时段车厢拥挤状况 （2）列车运行平稳性（起动、制动、加减速变化舒适程度） （3）站厅、通道、站台整洁程度 （4）车厢整洁程度 （5）站车噪声低 （6）空气温湿度适宜 （7）空气流通性 （8）工作人员响应乘客要求的程度及速度 （9）便民设施齐全

续表

一级指标	二级指标	三级指标	四级指标
乘客满意度指标	企业/品牌形象	品牌辨别度	乘客对城市轨道交通企业或品牌的辨识度
	感知质量	安全性	（1）进出站秩序（通道、楼梯、扶梯） （2）站台候车安全性 （3）上下车秩序 （4）车厢内秩序 （5）安全服务设施标识及使用说明醒目 （6）紧急疏散标识清楚准确
		可靠性	（1）地铁安检设施（数量、速度） （2）自动售票机（布局、数量、速度） （3）自动检票机（布局、数量、灵敏度） （4）自动扶梯（数量、运转情况） （5）导乘标识信息准确 （6）报站准确及时 （7）列车准点运行
		经济性	（1）票价 （2）可选票种
	预期质量	期望水平	对城市轨道交通服务质量的总体期望
	感知价值	对总体价值的感知性价比	性价比
	乘客满意度	总体满意程度	对总体服务质量的满意程度
		达到要求程度	相比于事先期望的满意程度
	乘客抱怨	有无抱怨	有无抱怨
		有无投诉	有无投诉
	乘客忠诚度	出行是否首选	可直达时的选乘意愿
			非直达时的选乘意愿

3. 确定测评指标权重

由于每一测评指标的变化对重要满意度的影响程度不同，所以需要给各项指标分别赋以不同的权重。权重的确定与分配是测评指标体系设计中非常关键的一个步骤，对于能否客观、真实地反映重要满意度起着至关重要的作用。

4. 测评指标量化

指标量化是测评的基础，由于指标构成的多样性，对指标量化也有多种方法。

① 对指标体系中可以直接查得的数据，采用直接赋值法。

② 对一些相对测评指标，可利用已有公式或建立新公式采用先计算后赋值的间接赋值法。

由于乘客满意度测评了解的是乘客对服务的看法、偏好和态度，所以在乘客满意度测评中这两种方法的应用受到限制，这时一般采取专家定性对比分析法，即根据某个指标的分布情况，规定若干个等级，比如 A、B、C、D 四等，以及相应的得分值，然后根据样本中该指标的实际数值或品质，确定落在哪一个等级，对照后得到指标的评分值。这种方法比较简单，容易理解和操作，而且可以将量纲不同、单位不一致的指标值进行归一化处理。

5. 问卷设计及调查

确定要调查的乘客群体，以便有针对性地设计问卷，并按照已经建立的满意度测评指标体系，把最后一级指标展开，形成问卷上的问题。问卷设计是整个测评工作中关键的环节，测评结果是否准确、有效，很大程度上取决于此。问卷设计结束之后，就按照抽样方法，进行问卷调查。

6. 生成调查结果

收集问卷后，应统计每个问题的每项回答结果，汇总出最后一级指标的评分值，最后计算出乘客满意度。

思考与实训 10

思考题

思考并回答以下问题：

（1）为什么要进行城市轨道交通运营服务水平评价？

（2）城市轨道交通运营服务水平评价指标分哪几类？

（3）城市轨道交通运营服务水平评价主体有哪些？

（4）乘客满意度测评的原则是什么？

（5）简述乘客满意度评测流程。

实训任务

任务 1 根据本项目中所学习的乘客满意度概念和测评方法、测评指标，设计一份乘客满意度调查问卷，组织全班同学进行乘客满意度调查，对调查结果进行统计分析，并计算出乘客满意度，分析乘客对城市轨道交通不满意体现在哪些地方，并提出改进建议。

附录 A

城市轨道交通运营管理办法

（中华人民共和国建设部令第 140 号）

第一章　总　则

第一条　为了加强城市轨道交通运营管理，保证城市轨道交通正常、安全运营，维护城市轨道交通运营秩序，保障乘客和城市轨道交通运营者的合法权益，制定本办法。

第二条　本办法适用于城市轨道交通的运营及相关的管理活动。

第三条　国务院建设主管部门负责全国城市轨道交通的监督管理工作。省、自治区人民政府建设主管部门负责本行政区域内城市轨道交通的监督管理工作。城市人民政府城市轨道交通主管部门负责本行政区域内城市轨道交通的监督管理工作。

第二章　运营管理

第四条　城市人民政府城市轨道交通主管部门应当按照《行政许可法》以及市政公用事业特许经营的有关规定，依法确定城市轨道交通运营单位。

第五条　新建城市轨道交通工程竣工后，应当进行工程初验；初验合格的，可以进行试运行；试运行合格，并具备基本运营条件的，可以进行试运营。

城市轨道交通工程竣工，按照国家有关规定验收，并报有关部门备案。经验收合格后，方可交付正式运营。安全设施不符合有关国家标准的新建、改建、扩建城市轨道交通工程项目，不得投入运营。

第六条　城市轨道交通运营单位应当按照国家有关规定和特许经营协议，制定城市轨道交通运营服务规则和设施保养维护办法，保证城市轨道交通的正常、安全运营。

第七条　城市轨道交通运营单位应当执行价格主管部门依法确定的票价，不得擅自调整。

第八条 城市轨道交通运营单位应当为乘客提供安全便捷的客运服务，保证车站、车厢整洁，出入口、通道畅通，保持安全、消防、疏散导向等标志醒目。

第九条 城市轨道交通运营单位工作人员应当佩戴标志、态度文明、服务规范。驾驶员、调度员、行车值班员等岗位的工作人员应当经培训合格后，持证上岗。城市轨道交通运营单位应当在车站配备急救箱，车站工作人员应当掌握必要的急救知识和技能。

第十条 城市轨道交通运营过程中发生故障而影响运行的，城市轨道交通运营单位应当及时组织乘客疏散，并尽快排除故障，恢复运行。一时无法恢复运行的，城市轨道交通运营单位应当及时报告城市人民政府城市轨道交通主管部门。

第十一条 城市轨道交通因故不能正常运行的，乘客有权持有效车票要求城市轨道交通运营单位按照单程票价退还票款。

第十二条 禁止下列危害城市轨道交通正常运营的行为：

（一）在车厢内吸烟、随地吐痰、便溺、吐口香糖、乱扔果皮、纸屑等废弃物；

（二）在车站、站台、站厅、出入口、通道停放车辆、堆放杂物或者擅自摆摊设点堵塞通道的；

（三）擅自进入轨道、隧道等禁止进入的区域；

（四）攀爬、跨越围墙、护栏、护网、门闸；

（五）强行上下列车；

（六）在车厢或者城市轨道交通设施上乱写、乱画、乱张贴；

（七）携带宠物乘车；

（八）危害城市轨道交通运营和乘客安全的其他行为。

第十三条 禁止乘客携带易燃、易爆、有毒和放射性、腐蚀性的危险品乘车。城市轨道交通运营单位可以对乘客携带的物品进行安全检查，对携带危害公共安全的危险品的乘客，应当责令出站；拒不出站的，移送公安部门依法处理。

第十四条 城市人民政府城市轨道交通主管部门和城市轨道交通运营单位应当建立投诉受理制度，接受乘客对违反运营规定和服务规则的行为的投诉。城市轨道交通运营单位应当自受理投诉之日起10个工作日内做出答复。乘客对答复有异议的，可以向城市人民政府城市轨道交通主管部门投诉，城市人民政府城市轨道交通主管部门应当自受理乘客投诉之日起，10个工作日内做出答复。

第三章 安全管理

第十五条 城市轨道交通运营单位应当依法承担城市轨道交通运营安全责任，设置安全生产管理机构，配备专职安全生产管理人员，保证安全生产条件所必需的资金投入。

第十六条 城市轨道交通运营单位应当按照反恐、消防管理、事故救援等有关规定，在城市轨道交通设施内，设置报警、灭火、逃生、防汛、防爆、防护监视、紧急疏散照明、救援等器材和设备，定期检查、维护，按期更新，并保持完好。

第十七条 城市轨道交通运营单位负责城市轨道交通设施的管理和维护，定期对土建工程、车辆和运营设备进行维护、检查，及时维修更新，确保其处于安全状态。检查和维修记录应当保存至土建工程、车辆和运营设备的使用期限到期。

第十八条 城市轨道交通运营单位应当组织对城市轨道交通关键部位和关键设备的长期监测工作，评估城市轨道交通运行对土建工程的影响，定期对城市轨道交通进行安全性评价，并针对薄弱环节制定安全运营对策。在发生地震、火灾等重大灾害后，城市轨道交通运营单位应当对城市轨道交通进行安全性检查，经检查合格后，方可恢复运营。

第十九条 城市轨道交通运营单位应当采取多种形式向乘客宣传安全乘运的知识和要求。

第二十条 城市轨道交通应当在以下范围设置控制保护区：

（一）地下车站与隧道周边外侧50米内；

（二）地面和高架车站以及线路轨道外边线外侧30米内；

（三）出入口、通风亭、变电站等建筑物、构筑物外边线外侧10米内。

第二十一条 在城市轨道交通控制保护区内进行下列作业的，作业单位应当制定安全防护方案，在征得运营单位同意后，依法办理有关行政许可手续：

（一）新建、扩建、改建或者拆除建筑物、构筑物；

（二）敷设管线、挖掘、爆破、地基加固、打井；

（三）在过江隧道段挖沙、疏浚河道；

（四）其他大面积增加或减少载荷的活动。

上述作业穿过地铁下方时，安全防护方案还应当经专家审查论证。

运营单位在不停运的情况下对城市轨道交通进行扩建、改建和设施改造的，应当制订安全防护方案，并报城市人民政府城市轨道交通主管部门备案。

第二十二条 在城市轨道交通线路弯道内侧，不得修建妨碍行车瞭望的建筑物、构筑物，不得种植妨碍行车瞭望的树木。

第二十三条 禁止下列危害城市轨道交通设施的行为：

（一）非紧急状态下动用应急装置；

（二）损坏车辆、隧道、轨道、路基、车站等设施设备；

（三）损坏和干扰机电设备、电缆、通信信号系统；

（四）污损安全、消防、疏散导向、站牌等标志及防护监视等设备；

（五）危害城市轨道交通设施的其他行为。

第四章　应急管理

第二十四条　城市人民政府城市轨道交通主管部门应当会同有关部门制定处理突发事件的应急预案；城市轨道交通运营单位应当根据实际运营情况制定地震、火灾、浸水、停电、反恐、防爆等分专题的应急预案，建立应急救援组织，配备救援器材设备，并定期组织演练。

当发生地震、火灾或者其他突发事件时，城市轨道交通运营单位和工作人员应当立即报警和疏散人员，并采取相应的紧急救援措施。

第二十五条　城市轨道交通车辆地面行驶中遇到沙尘、冰雹、雨、雪、雾、结冰等影响运营安全的气象条件时，城市轨道交通运营单位应当启动应急预案，并按照操作规程进行安全处置。

第二十六条　遇有城市轨道交通客流量激增危及安全运营的紧急情况，城市轨道交通运营单位应当采取限制客流量的临时措施，确保运营安全。

第二十七条　遇有自然灾害、恶劣气象条件或者发生突发事件等严重影响城市轨道交通安全的情形，并且无法采取措施保证安全运营时，运营单位可以停止线路运营或者部分路段运营，但是应当提前向社会公告，并报告城市人民政府城市轨道交通主管部门。

第二十八条　城市轨道交通运营中发生安全事故，城市人民政府城市轨道交通主管部门、城市轨道交通运营单位应当依据应急预案进行处置。

第二十九条　城市轨道交通运营中发生人员伤亡事故，应当按照先抢救受伤者，及时排除故障，恢复正常运行，后处理事故的原则处理，并按照国家有关规定及时向有关部门报告；城市人民政府城市轨道交通主管部门、城市轨道交通运营单位应当配合公安部门及时对现场进行勘察、检验，依法进行现场处理。

第三十条　城市轨道交通运营过程中发生乘客伤亡的，城市轨道交通运营单位应当依法承担相应的损害赔偿责任；能够证明伤亡人员故意或者自身健康原因造成的除外。

第五章　法律责任

第三十一条　违反本办法第五条规定，未经竣工验收合格，将城市轨道交通工程项目投入正式运营的，按照《建设工程质量管理条例》的有关规定进行处罚。

第三十二条　违反本办法第七条规定，城市轨道交通运营单位未执行价格主管部门依法确定的票价的，由价格主管部门按照价格法律法规的规定依法处罚。

第三十三条　违反本办法规定，城市轨道交通运营单位有下列行为之一的，由城市人民政府城市轨道交通主管部门责令限期改正，并可处以5 000元以下罚款：

（一）违反本办法第八条规定，未保证车站、车厢整洁，出入口、通道畅通，保持安全、消防、疏散导向等标志醒目的；

（二）违反本办法第九条规定，安排未经培训合格的工作人员上岗或者未在车站配备急救箱的。

第三十四条　违反本办法第十条规定，城市轨道交通运营单位在发生运营故障时未及时组织乘客疏散的，由城市人民政府城市轨道交通主管部门给予警告，并处以5 000元以下罚款。

第三十五条　违反本办法第十二条、第十三条的规定，影响城市轨道交通安全正常运营的，由城市人民政府城市轨道交通主管部门责令改正，并可处以50元以上500元以下罚款。

第三十六条　违反本办法规定，城市轨道交通运营单位有下列行为之一的，由城市人民政府城市轨道交通主管部门给予警告，责令限期改正，并可处以1万元以下罚款：

（一）违反本办法第十六条规定，未设置报警、灭火、逃生、防汛、防爆、防护监视、紧急疏散照明、救援等器材和设备，并保持完好的；

（二）违反本办法第二十四条规定，未按照规定建立应急预案的。

第三十七条　违反本办法第十七条规定，城市轨道交通运营单位未按照规定定期检查和及时维护城市轨道交通设施的，由城市人民政府城市轨道交通主管部门给予警告，责令限期改正，并可处以1万元以下罚款。

第三十八条　违反本办法规定，有下列行为之一的，由城市人民政府城市轨道交通主管部门给予警告，责令限期改正，并可处以1万元以上3万元以下罚款；造成损失的，依法承担赔偿责任；情节严重，构成犯罪的，依法追究刑事责任：

（一）违反本办法第二十一条第一款规定，在城市轨道交通控制保护区内进行作业的作业单位未制定安全防护方案，或者未征得城市轨道交通运营单位同意的；

（二）违反本办法第二十一条第三款规定，城市轨道交通运营单位对轨道交通进行扩建、改建和设施改造时，未制定安全防护方案的。

第三十九条　个人或者单位违反本办法第二十二条、第二十三条规定，影响城市轨道交通安全的，对个人处以500元以上1 000元以下罚款，对单位处以1 000元以上5 000元以下罚款；造成损失的，依法承担赔偿责任。

第四十条　城市轨道交通运营单位有下列行为之一的，由城市人民政府城市轨道交通主管部门给予警告，责令限期改正，并可处以1万元以下罚款：

（一）违反本办法第二十五条规定，遇有恶劣气象条件时，未按照应急预案和操作规程进行处置的；

（二）违反本办法第二十六条规定，在客流量急增危及安全运营时，未采取限制客流量的临时措施的；

（三）违反本办法第二十七条规定，停止运营时，未提前向社会公告和报告主管部门的；

（四）违反本办法第二十八条规定，发生安全事故时，未按照应急预案进行处置的。

第四十一条 城市人民政府城市轨道交通主管部门工作人员玩忽职守、滥用职权、徇私舞弊的，由其所在单位依法给予行政处分；构成犯罪的，依法追究刑事责任。

第六章 附 则

第四十二条 本办法所称城市轨道交通，是指城市公共交通系统中大运量的城市地铁、轻轨等城市轨道公共客运系统。

本办法所称城市轨道交通设施，是指为保障城市轨道交通系统正常安全运营而设置的轨道、隧道、高架道路（含桥梁）、车站（含出入口、通道）、通风亭、车辆、车站设施、车辆段、机电设备、供电系统、通信信号系统等设施。

第四十三条 本办法自2005年8月1日起施行。

附录 B

北京市轨道交通运营安全条例

（2014 年 11 月 28 日北京市第十四届人民代表大会
常务委员会第十五次会议通过）

第一章　总则

第一条　为规范轨道交通运营及相关活动，保障轨道交通运营安全，维护轨道交通各方主体的合法权益，根据有关法律、法规，结合本市实际情况，制定本条例。

第二条　在本市行政区域内从事与轨道交通运营安全有关的活动，应当遵守本条例。

本条例所称轨道交通是指地铁、轻轨等采用专用轨道导向运行的城市公共客运系统。

第三条　市人民政府应当加强对轨道交通运营安全工作的领导。

市交通行政主管部门负责本市轨道交通运营安全生产的行业监督管理，统筹协调本市涉及轨道交通运营安全的重大事项。远郊区、县交通行政主管部门按照规定的职责负责本行政区域内轨道交通运营安全生产的行业监督管理。

有关行政主管部门依照本条例和其他法律、法规的规定，在各自职责范围内对轨道交通运营安全相关工作实施监督管理。

轨道交通沿线的区、县人民政府应当配合市交通行政主管部门，协调落实本行政区域内影响轨道交通设备设施安全隐患的整改、安全保护区和站前广场的综合治理、突发事件的应急处置等相关工作。

第四条　轨道交通运营单位依法承担轨道交通运营安全管理责任，为乘客提供安全、便捷的服务。

轨道交通产权单位、建设管理单位依据各自职责和合同约定，按照国家、本市相关标准和运营安全实际需求，组织轨道交通新建、改建项目的立项、规划、设计，并对工程建设质量负责。

轨道交通设计、施工、监理、设备设施供应等单位应当依据法律、法规、标准和合同约定，保障轨道交通运营安全。

为轨道交通提供电力、供水、排水、供热、供气、通信等服务的单位，应当优先保障轨道交通运营安全的需要。

第五条 政府有关部门、运营单位及相关社会组织应当开展轨道交通运营安全教育和宣传，提高社会公众安全意识。

社会公众应当自觉遵守轨道交通运营安全管理规定，有权投诉、举报危害运营安全的行为。

第六条 广播、电视、新闻、出版、网络等有关单位，应当配合政府有关部门、运营单位开展轨道交通运营安全的教育和宣传。

第二章 运营安全风险前期防控

第七条 新建、改建轨道交通项目的规划、设计应当符合相关标准和技术规范，遵循适度超前原则，满足轨道交通发展中的运营安全需求。

新建轨道交通项目的单位，应当在可行性研究报告、项目申请报告和初步设计文件中编制运营安全专篇。市发展改革、规划行政主管部门在审批时应当征求市交通行政主管部门对运营安全专篇的意见，并将市交通行政主管部门的意见纳入到审批意见中。

第八条 新建、改建轨道交通项目的规划、设计应当合理连通周边大型居住区、商业区公用设施等建筑，保障出入口的数量和功能，满足紧急疏散的安全需求。

轨道交通出入口、通风亭、冷却塔等设施需要与周边物业结合建设的，周边物业的所有者、使用者应当予以配合并提供必要的便利。

新建轨道交通项目的应急救援设备设施、安全检查设备应当与主体工程同时设计、同时施工、同时投入使用。

第九条 轨道交通车站、地面线路、高架线路、安全检查点、站前广场和车厢等场所应当安装视频监控系统；通风亭、冷却塔和变电站等部位应当安装视频监控系统，并合理设置防盗报警系统、防护栏或者防护网等物理防护设施。

第十条 车辆、信号、电梯、供电、轨道、轨枕和其他涉及运营安全的设备、设施，应当符合运营安全标准规范及网络化运营需求，不得使用不符合标准的设备、设施。

采购前款规定的设备设施，建设管理单位应当与运营单位共同起草、协商确定招标文件。

自动售检票系统、乘客信息系统、视频监控系统和其他因网络化运营需要统一制式标准的设备应当符合标准并经专业机构测试认证。

第十一条 新建轨道交通项目完工后，建设管理单位应当组织设备、设施调试和安全测试，达到试运行基本条件的，进行不载客试运行。试运行期不得少于3个月，其中按照本线运营初期发车间隔的运行时间不得少于 30 天。

建设管理单位应当在轨道交通项目完工后向轨道交通产权单位、运营单位提供完整的档案资料。

第十二条　新建轨道交通项目试运营前，建设管理单位应当依法办理规划、消防、土建、人防、供电、特种设备、工程档案、建筑节能、防雷装置、无障碍设施和运营设备设施等项目的验收，并取得验收文件。

轨道交通项目投入试运营前，建设管理单位应当向市交通行政主管部门申请综合评审。未申请综合评审或者综合评审不符合试运营条件的，不得投入试运营；经综合评审符合试运营条件的，转入试运营。

第十三条　轨道交通试运营期间，运营单位应当按照设计标准和技术规范，对设备设施运行情况和运营状况进行安全监控，按年度向市交通行政主管部门报送运行报告。

试运营期间，经市交通行政主管部门批准，运营单位可以在运营时间、运营间隔、运营设备设施启用等方面做出调整。

试运营的时间不得少于 1 年且不得超过 3 年。

第十四条　试运营期满 1 年，运营单位应当在 60 日内向市交通行政主管部门申请正式运营综合评审。未申请综合评审或者综合评审不符合正式运营条件的，不得投入正式运营，由市交通行政主管部门责令责任单位限期整改并报市人民政府备案；经综合评审符合正式运营条件的，转入正式运营。

本条例实施前已经投入试运营的轨道交通线路，应当按照本条例的规定依法办理正式运营手续。

第十五条　市交通行政主管部门组织建立轨道交通建设与运营衔接工作机制，负责制定运营安全专篇审核，试运行、试运营、正式运营基本条件，档案资料移交，试运营综合评审，正式运营综合评审等方面的相关规范。

第三章　设备设施运行安全与保护

第十六条　轨道交通设备设施应当符合保障乘客人身、财产安全和运营安全的相关标准。

轨道交通设备设施存在设计、制造或者安装缺陷的，轨道交通产权单位、建设管理单位和运营单位对各自采购的设备设施，应当督促设备设施生产者、销售者或者安装者消除缺陷。

第十七条　在轨道交通车站、车厢、隧道、站前广场等范围内设置广告、商业设施，应当符合标准和规范，不得影响安全标志和乘客导向标识的识别、设备设施的使用和检修，不得挤占疏散通道；设置方案应当报市交通行政主管部门备案。

在城市轨道交通线路的地面部分设置户外广告的，应当按照户外广告管理的相关规定执行。

第十八条 下列范围为轨道交通安全保护区：

（一）出入口、通风亭、冷却塔、主变电所和残疾人直升电梯等建筑物、构筑物结构外边线外侧10米内；

（二）地面车站和地面线路、高架车站和高架线路结构、车辆基地用地范围外边线外侧30米内；

（三）地下车站与隧道结构外边线外侧50米内；

（四）轨道交通过湖、过河隧道和桥梁结构外边线外侧100米内。

前款规定范围包括地上和地下。

安全保护区范围由市交通行政主管部门依法公告。

第十九条 在轨道交通安全保护区内进行下列作业的，作业单位应当制定安全防护方案和监测方案，在征得运营单位同意后，依法办理有关行政许可手续：

（一）新建、改建、扩建或者拆除建筑物、构筑物；

（二）敷设管线、挖掘、爆破、地基加固或者打井；

（三）挖沙、疏浚河道；

（四）其他大面积增加或者减少载荷的活动。

有前款规定作业的，运营单位可以对作业影响区域进行动态监测，并有权进入施工作业现场进行巡查。

第二十条 从事第十九条第一款规定的作业，出现危及或者可能危及轨道交通运营安全情形的，作业单位应当停止作业，采取补救措施，并报告轨道交通运营单位。

结束第十九条第一款规定的作业后，作业单位应当会同运营单位评估作业对轨道交通运营安全产生的影响，并将评估结果报市交通行政主管部门备案。评估认为影响运营安全的，作业单位应当立即采取措施消除影响。

第二十一条 轨道交通产权单位和运营单位应当建立巡查管理制度，对轨道交通设备设施安全和安全保护区进行安全巡查。

巡查人员发现危及或者可能危及轨道交通安全运营情形的，应当予以制止并及时报告相关行政主管部门依法处理。

第二十二条 轨道交通地面线路、高架线路桥下空间、车辆段和停车场，除道路、铁路等通行需要外，应当实行全封闭管理，并按照规定设置封闭设施和警示标志。

第二十三条 使用高架线路桥下空间不得危害轨道交通运营安全，同时应当预留高架线路桥梁设施日常检查、检测和养护维修条件。

高架线路桥下空间具体使用管理办法由市交通行政主管部门制定。

第二十四条 敷设在轨道交通保护区内的地下管线，其所有者或者管理者应当定期巡查和维护管线，并与运营单位建立管线基本信息共享制度和运行状态通告制度。

检查维护管线需要运营单位配合的，运营单位应当提供便利。

第二十五条　轨道交通保护区内既有建筑物、构筑物危及轨道交通运营安全的，轨道交通产权单位和运营单位应当采取措施，排除危险，既有建筑物、构筑物的所有者或者管理者应当予以配合。采取措施后仍不能排除危险的，应当依法按照土地和房屋征收的相关规定予以处理。

轨道交通保护区内既有种植物危及轨道交通运营安全的，其所有者或者管理者应当及时修剪、清除，必要时应当采取改移措施。

为保障轨道交通运营安全拆除保护区内建筑物、构筑物，修剪、改移种植物，或者对保护区内已取得的其他合法权利进行限制，给他人造成损失的，产权单位应当依法给予补偿，但拆除违法建筑物、构筑物除外。

第二十六条　新建、改建建筑物、构筑物或者新栽种植物的，不得妨碍行车瞭望，不得侵入轨道交通线路限界。

轨道交通沿线绿化，应当符合轨道交通保护区绿化安全规范，预留轨道交通检修维护条件并提供便利。

第二十七条　禁止下列危害轨道交通设备设施安全的行为：

（一）损坏隧道、轨道、路基、高架、车站、通风亭、冷却塔、变电站、护栏护网等设施；

（二）损坏车辆或者干扰车辆正常运行；

（三）损坏或者干扰机电设备、电缆、通信信号系统、自动售检票系统、视频监控设备等；

（四）擅自在高架桥梁上钻孔打眼，搭设电线或者其他承力绳索，设置附着物；

（五）损坏、移动、遮盖安全标志；

（六）其他危害轨道交通设备设施安全的行为。

附录 C

国内 A 型车的计划修内容

国内 A 型车辆计划修主要包括日检、双周检、三月检、年检、架修、大修等修程。具体检修指标见表 C－1。

表 C－1　各种修程相关指标

修程	检修周期		扣修时间	维修地点
	里程/万 km	时间		
日检	—	1 天	1.5 h	各线车厂或停车场
双周检	0.4	两周	3～4 h	同上
三月检	3	3 月	3 天	同上
年检	12	1 年	5 天	车厂
架修	60	约 5 年	约 30 天	维修基地
大修	120	约 10 年	约 40 天	综合维修基地

根据列车的实际运行情况，综合考虑维修停时，提高车辆利用率，车辆维修人员可合理编制相关修程的内容，各修程具体内容如下。

1. 日检

日检是对与列车的行车安全相关部件进行外观检查和车辆有电功能检查。

提示：日检一般在列车运营结束回车库后进行。

2. 周检

周检主要进行以下工作。

① 车辆走行部检查。

② 主逆变器相关接触器检查和清洁。

③ 受电弓、空调检查并更换空调滤网等。

提示：为了提高车辆利用率，可安排在运营早晚高峰之间的时段进行周检。

3. 月检

月检主要是对车辆主要部件及系统进行清洁和功能检查，特别是车门、车钩的清洁、润滑等。

4. 年检

年检主要进行以下检查工作。

① 对车辆的各系统进行状态检查、检测和功能调整。

② 对各部件进行全面检查、清洁、润滑。

③ 对部分部件如空调机组、继电器的清洁、测试和修理。

④ 列车的全面调试。

提示：为了减少维修停时和保证周末正线用车，年检可合理安排在5天内完成。

5. 架修

架修是为恢复车辆的性能而进行的维修形式。在架修期间主要进行以下工作。

① 对转向架、轮对、通道、车钩、制动装置、牵引电机、牵引逆变器、辅助逆变器、蓄电池等主要部件解体后进行全面仔细检修，转向架及轮对还需要进行探伤。

② 更换一些密封橡胶件、磨耗件、一次性使用件和工作寿命到期的零部件。

③ 对车辆各系统进行全面检测、调试及试验。

提示：为了缩短车辆架修的停时，提高车辆上线利用率，架修尽可能采用部件互换修的方式，即从车辆上拆下待修部件整件，用地面上预先修理好的备件装车，使整车能在较短时间内完成修程，重新投入运营。然后由专业班组再对拆下的系统部件进行分解维修，修好后作为下一列车架修的更换备件。

6. 大修

大修的目的是全面恢复车辆的尺寸和性能，因此大修是实现车辆设计寿命周期内保持车辆表现稳定的重要的维修形式。在架修的基础上，大修还需要进行以下工作。

① 对整列车进行分解、检查、修复，全面清洗（包括部件、空气管道等），压力密封检测，车体重新油漆等。

② 结合技术改造对部分系统进行全面的升级或更换。

③ 对车辆各系统进行全面检测、调试及试验。

提示：架修通常需要在综合维修基地进行。

除以上修程外，对一些进行过特殊检修的列车，如镟轮后、更换过轮对和转向架或进行过试验的列车，还可按照特殊检的要求安排进行特殊检查，主要是对列车走行部等进行外观检查，以保证列车安全运行。另外，节假日到来前，还可安排对列车的一些重要零部件，如车底紧固件、车门、牵引/制动回路继电器等进行普查，以保证假日期间列车性能稳定。

各城市轨道交通运营单位可根据所选车型和车辆利用率的不同要求，灵活制定各种修程。如有些城市轨道交通车辆不需要做日检。另外，有些城市轨道交通运营企业还采用均衡修的方式，即将架修、大修内容分解到年检各修程中去，以减少列车停时，提高车辆利用率。

参考文献

［1］樊佳慧，张琛，卢恺，等．2015 年中国城市轨道交通运营线路统计分析．都市快轨交通，2016，29（1）：1－3.

［2］上海申通地铁集团有限公司轨道交通培训中心．城市轨道交通运营调度．北京：中国铁道出版社，2013.

［3］杨荣山．城市轨道交通运营管理与维护．北京：科学出版社，2013.

［4］毛保华．城市轨道交通系统运营管理．北京：人民交通出版社，2006.

［5］中国土木工程学会．城市轨道交通运营管理指南．北京：中国建筑工业出版社，2010.

［6］吴忠，夏志杰．城市轨道交通智能化运营管理研究．上海：同济大学出版社，2013.

［7］何宗华，汪松滋，何其光．城市轨道交通运营组织．北京：中国建筑工业出版社，2003.

［8］徐新玉．城市轨道交通运营管理规章．北京：人民交通出版社，2011.